De lobos y corderos,

Afirmación Socialista y la disidencia interna del Partido Socialista de Puerto Rico, 1915-1934

José R. Rivera Caballero

Foto de portada: *Unión Obrera*, 6 de noviembre 1934

A mi familia, mi razón de vida.

Tabla de Contenido

Introducción

El interés por el estudio académico de la clase trabajadora, y de sus manifestaciones sindicales, políticas y culturales, surge en Puerto Rico en la década de los 1970, gracias a la adopción y el desarrollo de nuevos marcos teóricos y metodológicos para entender la sociedad puertorriqueña. A pesar del interés mostrado por esta llamada nueva historia, aún son muchos los temas por estudiar, analizar y descubrir sobre la historia de los trabajadores en Puerto Rico.[1] Nos proponemos aportar al estudio de este tema investigando sobre la historia de la disidencia dentro del Partido Socialista (PS) fundado en 1915, y en especial las propuestas del grupo Afirmación Socialista.

El PS fungió como el brazo político de la Federación Libre de Trabajadores (FLT), unión sindical fundada en 1899 por un grupo de trabajadores militantes de la Federación Regional de Trabajadores (fundada en el 1898) que se oponían al acercamiento político de ésta

---

[1] Eric Pérez, *100 años de sindicalismo puertorriqueño, memorias del Congreso Internacional del Centenario del Sindicalismo Organizado en Puerto Rico, 1898-1998*. (Humacao: Centro de Documentación Obrera Santiago Iglesias Pantín, Universidad de Puerto Rico, 2007), 141-142.

última con el Partido Republicano. Desde su fundación, la FLT tuvo en agenda la independencia política de la clase trabajadora con respecto a los partidos burgueses cuyos intereses se percibían como antagónicos a los de los trabajadores. Los intentos de obtener victorias electorales a través de partidos políticos independientes que representaran a los trabajadores fracasaron en su mayoría hasta la fundación del Partido Socialista en 1915. Sin embargo, el surgimiento del PS no le puso fin a los debates sobre la razón de ser de un partido socialista en Puerto Rico. Durante la década del 20 se llevaron a cabo importantes debates dentro del PS sobre cuáles debían ser los objetivos primarios de esa colectividad política.

En los meses de enero de 1933 y diciembre de 1934 se llevó a cabo un proceso huelgario importante en la historia de los trabajadores en Puerto Rico. Los obreros de la industria del azúcar se fueron a la huelga reclamando mejores salarios y jornadas de trabajo más cortas. El 5 de enero, Prudencio Rivera Martínez, socialista que ocupaba el puesto de Comisionado del Trabajo, negoció a nombre de los trabajadores un convenio colectivo con los representantes de los patronos de esta industria. Éste fue el primer convenio que cobijaba a todos los trabajadores de este sector en la Isla. Muchos trabajadores se sintieron defraudados porque los acuerdos negociados no satisfacían sus reclamos. Luego de la firma del convenio, las huelgas se intensificaron. Por primera vez, los trabajadores llevaron a cabo una huelga no sólo en contra del patrono, sino también del gobierno, y del liderato de la Federación Libre de Trabajadores y del Partido Socialista.

Esta crisis del liderato creó un vacío de poder que permitió un espacio para que se propusieran reformas o incluso nuevos proyectos de organización. En esta coyuntura, un grupo de militantes socialistas fundaron la tendencia Afirmación Socialista (AS) con la intención de proponer cambios en la dirección del PS. Sus miembros criticaban la falta de participación democrática en el Partido, defendían la independencia de Puerto Rico, y acusaban a sus líderes de haber alejado el Partido de las ideas socialistas, parte esencial de sus objetivos originales. Aunque los integrantes de AS fracasaron en su intento de llevar a cabo las reformas propuestas, y que fueron expulsados inmediatamente del PS, este grupo representó la manifestación mejor organizada del sector más radical del PS.

El socialismo en Puerto Rico de principios del siglo pasado se dividía en dos grandes grupos: el revolucionario y el reformista. El grupo revolucionario se planteaba la necesidad de acabar con el sistema capitalista mediante un proceso revolucionario. Hubo dos partidos que representaban estas ideas, el Partido Comunista y el Partido Comunista Independiente. Por su parte, el grupo reformista no era homogéneo. En él identificamos dos sectores. El sector *radical* se distinguía por plantearse la necesidad de abolir el capitalismo, pero mediante un proceso de reformas democráticas. Afirmación Socialista constituye un buen ejemplo de este grupo. Existía también otro sector, que se identificaba como socialista, que entendía que la razón de ser de un partido político de los trabajadores era mejorar sus condiciones de vida dentro del sistema capitalista. A este último grupo lo llamamos *reformistas economicistas*. Ambos grupos de los reformistas cohabitaron en el Partido Socialista de la época en donde se desarrollaron debates importantes sobre sus posturas. En los primeros años del PS, la tendencia que prevalecía era la de los radicales, pero a partir del 1920, y en especial el 1924 como veremos, el sector economicista controlará las estructuras de dirección y prevalecerá su visión política. El siguiente esquema ilustra la organización de los socialistas de principios del siglo de acuerdo a sus posturas anticapitalistas y revolucionarias.

Luego de su expulsión, y cuando se hizo evidente el fracaso de sus propuestas de cambio, los miembros de AS decidieron crear un nuevo partido político, el Partido Afirmación Socialista de Trabajadores Unidos (PASTU) para participar en los comicios electorales de 1936. En este libro nos propusimos estudiar las razones históricas que explican el surgimiento y los reclamos políticos del grupo Afirmación Socialista, y la fundación del PASTU.

El libro está organizado en cuatro capítulos. En el primer capítulo estudiaremos la fundación del Partido Socialista de 1915. Nos interesa vincular los orígenes de las estrategias electorales del PS a las condiciones particulares en las que se crearon y se desarrollaron la Federación Libre y los partidos socialistas que existieron antes del 1915.

En el segundo capítulo abordaremos los debates sobre la participación electoral que se produjeron al interior del PS desde su fundación hasta el 1932. Nos proponemos distinguir la existencia de dos visiones principales en pugna sobre la compatibilidad de los objetivos políticos del Partido Socialista con las estrategias electorales asumidas. El estudio de las posiciones asumidas en las convenciones, y de los artículos publicados en la prensa de la época nos ofrece una muestra clara de los fundamentos de las visiones ideológicas.

En el tercer capítulo haremos un recuento de los eventos clave de las huelgas de diciembre de 1933 y de enero de 1934. Lo enmarcaremos dentro del contexto de la crisis económica que sufría Puerto Rico y de los programas del Nuevo Trato. Presentaremos la crisis de liderato de la dirección de la FLT y del PS, condiciones claves para entender el surgimiento de la tendencia Afirmación Socialista.

Finalmente, en el cuarto capítulo nos interesaremos en presentar las propuestas específicas de Afirmación Socialista y sus actividades políticas, antes y después de su expulsión del PS.

Presentaremos la historia de la creación del Partido Afirmación Socialista de Trabajadores Unidos y de su participación en el proceso eleccionario de 1936.

UNIÓN OBRERA

PERIODICO POLITICO DEFENSOR DE LOS PRINCIPIOS IDEALES DEL PARTIDO SOCIALISTA

Oficinas, Calle San Agustin — Precio de suscripción — Director y administrador — Se publica martes jueves y sábado
Matías Ledesma, núm. 103 | Un año 5,00 dollars | J. Aybar Medrano | No se devuelven los originales
Parada 6 y media | Seis meses 2,50 " | P. O] Box 228. Teléfono 79 | Un número suelto
Puerta de Tierra, San Juan | Un mes 0'50 " | Puerta de Tierra, San Juan | TRES CENTAVOS

Entered at the Office of San Juan, P. R. second class Matter Under the Act of Congress, March 3, 1934

Año XXXIV   San Juan P. R. [Puerta de Tierra]   MARTES 6 DE NOVIEMBRE DE 1934   Número 126

Laborando por los ideales Socilistas

se reunen camaradas en Convención el pasado domingo

ASISTENCIA A LA CONVENCION DE AFIRMACION SOCIALISTA CELEBRADA AL PASADO DOMINGO

Los delegados de Afirmación Socialista se reunieron en la Convención del domingo, 4 de noviembre de 1934 en el Hipódromo Las Casas. Se acordó constituir el "partido de clase" Afirmación Socialista de Trabajadores Unidos. (*Unión Obrera*, 6 de noviembre d 1934)

8

Capítulo I: Orígenes del Partido Socialista

Desde finales del siglo XIX, el deseo de organización de la clase trabajadora en Puerto Rico se vio limitado por su debilidad como clase. Los primeros intentos de crear organizaciones sindicales o políticas independientes que representaran verdaderamente los intereses de los trabajadores, como fue el caso del Partido Obrero Socialista, fueron frustrados como consecuencia de tal debilidad. Desde un principio se midió el éxito o fracaso político de las organizaciones de los trabajadores de acuerdo a los resultados de su participación electoral. Es decir, el objetivo implícito de tales organizaciones fue conseguir victorias electorales que permitieran a los trabajadores ocupar puestos en el gobierno. Sin embargo, el surgimiento de un partido político obrero capaz de participar exitosamente en el proceso eleccionario tendrá que esperar hasta la maduración del proceso de proletarización que transformará las relaciones de clase entre los trabajadores artesanales y agrícolas y la clase poseedora. El surgimiento y fortalecimiento del Partido Socialista en 1915 será el producto de la organización de miles de trabajadores agrícolas entre sus filas como consecuencia de una nueva conciencia de clase adquirida por los cambios económicos y sociales que se darán a principios del siglo XX, y que será capitalizada por la Federación Libre de Trabajadores gracias a su campaña de organización sindical y política.

Primeras organizaciones obreras luego de la Invasión

A pesar de que desde finales del siglo XIX ya se habían dado intentos de crear organizaciones obreras[2], no es hasta luego de la Invasión que surgen las condiciones propicias para ello. En octubre de 1898 se fundó la Federación Regional de Trabajadores (FRT), vinculada desde su creación al Partido Republicano, aunque en ella se desarrolló rápidamente una tendencia cuyo objetivo era la adopción de un programa político independiente. La tensión generada por estas dos propuestas llevará a la escisión. El 18 de junio de 1899, se fundaron en los locales del periódico *Porvenir Social* en San Juan la Federación Libre de Trabajadores (FLT) y el

---

[2] Gervasio L. García, "Los orígenes del movimiento obrero en Puerto Rico: mitos y problemas.", en *Historia Crítica, historia sin coartadas, algunos problemas de la historia de Puerto Rico* (Río Piedras, PR: Ediciones Huracán, 1985); Juan Ángel Silén, *Apuntes para la historia del movimiento obrero puertorriqueño* (Río Piedras, PR: Editorial Cultural, 1978)

Partido Obrero Socialista (POS), su brazo político, primer partido socialista en Puerto Rico[3] y que estará afiliado, aunque brevemente, al Socialist Labor Party (SLP) de los Estados Unidos[4]. Su primer presidente fue Severo Cirino Osorio.

Un tema esencial del debate sobre la defensa de los reclamos políticos de la clase trabajadora, que se dará antes y luego de la fundación del Partido Socialista en 1915, girará en torno a estas dos posibilidades: el apoyo y la colaboración con un partido de la clase poseedora, en oposición a la necesidad de mantener un programa político independiente. Para ser miembro del POS se tenía que ser miembro de la FLT. De esta manera se trataba de garantizar la independencia política de la clase trabajadora.

Por su parte, los Partidos Federal y Republicano manifestaron desde muy pronto su interés en canalizar el creciente

---

[3] Santiago Iglesias Pantín, *Luchas Emancipadoras: crónicas de Puerto Rico*, 2da ed., Tomo I (San Juan: [s.n.], 1958) 118-123

[4] Rafael Alonso Torres, *Cuarenta años de lucha proletaria* (San Juan: Baldrich, 1939) 360-361. Según José Ferrer y Ferrer, Santiago Iglesias Pantín recibió cartas de dos líderes socialistas sugiriéndole la creación de una sección de sus respectivos partidos en Puerto Rico. El 3 de julio de 1897 recibió una carta de Pablo Iglesias, líder del Partido Socialista Español, y, el 18 de junio de 1899, otra del Sr. Kujun del SLP en los Estados Unidos. Asegura Ferrer que el régimen jurídico colonial bajo España fue lo que impidió que se creara una rama del PSE en Puerto Rico. Ver *Los Ideales del Siglo XX* (San Juan: Tipografía La Correspondencia de Puerto Rico), 1932, 39.

militantismo obrero hacia sus organizaciones políticas. La Federación Regional de Trabajadores se vio seducida desde un principio por el discurso aparentemente pro obrero de los líderes del Partido Republicano. La afinidad que sintieron algunos trabajadores de la Federación Regional tiene también una explicación de índole racial. Así lo afirma Santiago Iglesias Pantín al mencionar la simpatía con la que contaba la figura de José Celso Barbosa entre los trabajadores.

No obstante el deseo explícito de sus líderes de mantener una independencia política, en las elecciones de 1900 el POS llega a un entendido electoral con el Partido Federal. Éste será justificado como producto de la incapacidad de hacerle frente a unas elecciones organizadas para favorecer al Partido Republicano. Según Rafael Alonso Torres, las bases de este entendido fueron "el mantenimiento y defensa de la libertad de asociación, de palabra y de prensa."[5] En estas elecciones, tanto los socialistas como los federales se van a abstener electoralmente.

---

[5] Alonso Torres, 362.

A pesar de promulgarse la necesidad de un programa político independiente, los primeros pasos de participación electoral del POS estuvieron matizados por un entendido electoral con un partido que ellos consideraban que representaba intereses ajenos a los de la clase trabajadora. Este entendido se presentará como necesario para protegerse de los atropellos de un gobierno parcializado con los republicanos. El argumento de la necesidad de buscar aliados políticos para defenderse de los atropellos y de la violencia de sus enemigos políticos será parte importante del desarrollo que justificará todas las demás alianzas a las que llegará el liderato de la FLT a través de diferentes cuerpos políticos durante las próximas cuatro décadas.

Las actividades de la FLT girarán desde sus inicios alrededor de dos polos: la participación electoral y la actividad sindical. El polo sindical servirá de refugio en los momentos cuando se vea obstaculizada la participación electoral.

En un principio las acciones de la Federación se vieron limitadas por su debilidad organizativa, sin embargo la FLT "se vio empujada a formas de lucha que sobrepasaban su capacidad de organización" [6] . Un ejemplo claro de esto fue el proceso de organización de una primera huelga general en la Isla en agosto de 1900.

Según Félix Córdova, "... el punto de partida de la clase trabajadora [de Puerto Rico] se dio en unas condiciones precarias en las que existía una superabundancia de trabajadores disponibles mientras no existían los puestos de trabajo necesarios para emplearlos." [7]

El desarrollo de las relaciones internacionales de la FLT se dirigió sobre todo a crear vínculos con organizaciones en los Estados Unidos. A pesar de que los primeros contactos se establecieron con los socialistas, muy rápidamente se plantea la necesidad de buscar nuevos aliados que puedan ayudar a fortalecer económicamente la débil Federación. Las acciones de Santiago Iglesias Pantín serán claves para la afiliación con nuevos sectores más conservadores en los Estados Unidos.

---

[6] Félix Córdova Iturregui, *Ante la frontera del infierno: el impacto social de las huelgas azucareras y portuarias de 1905* (Río Piedras, PR: Ediciones Huracán, 2007) 18.
[7] Córdova, 36.

Luego de la huelga de agosto de 1900 y como consecuencia de la represión violenta hacia los trabajadores organizados, Santiago Iglesias se ve obligado a exiliarse a Nueva York. En esa ciudad se pone en contacto con la American Federation of Labor (AFL) y en poco tiempo se convertirá en organizador sindical para Puerto Rico y Cuba. Según Iglesias Pantín

> Los leaders obreros y del socialismo, en Nueva York, convinieron en que la situación de los trabajadores de Puerto Rico aconsejaba que el mejor procedimiento a seguir era el de darle preferente atención a la organización económica, y afiliarla a la American Federation of Labor. El Partido Socialista, sin una preparación adecuada y consciente de los campesinos y obreros, y sin una organización industrial capaz, no habría de producir resultados eficaces de mejoramiento inmediato y práctico para las muchedumbres explotadas de la isla."[8]

A su regreso a Puerto Rico en noviembre de 1901, Santiago Iglesias es arrestado tan pronto pisa tierra y permanecerá en la cárcel durante los próximos cuatro meses acusado del delito de "coaligación para alterar el precio del trabajo", es decir, acusado de organizar una huelga.[9] Su liberación será producto, en gran medida,

---

[8] Iglesias Pantín, 199-200.

[9] Junto a Iglesias, otros 9 líderes obreros fueron acusados por el mismo delito: Juan Guerra, Eduardo Conde, Clemente Filomeno, Sandalio Sánchez, Teodoro Rivera, Adolfo Cora, Luis Bentezal, Román Fuentes y Joaquín Beceril. Los otros líderes permanecían en libertad, pero a Santiago Iglesias se le encarceló al no poder pagar la fianza de dos mil dólares que le fijaron acusado de desacato por

de la intervención directa de Samuel Gompers, líder de la AFL, quien no tardará en denunciar la situación. Esta intervención representó para Santiago Iglesias una victoria que fue importante para aumentar el prestigio de la AFL entre los trabajadores de Puerto Rico, y para justificar la alianza con la FLT.[10]

La AFL fue fundada en el 1886 como una federación de sindicatos de oficio en los Estados Unidos. Desde el principio, se distinguió por su *business unionism* (unionismo empresarial) que se fundamentaba en dos elementos. Primero, una fuerte centralización en la dirección de la Federación y en el control de sus recursos económicos (como el fondo de huelga) a nivel nacional. Segundo, una política laboral que privilegia la lucha por el mejoramiento inmediato de las condiciones laborales de los trabajadores, que aceptaba el orden social y político, así como las condiciones

---

no haber comparecido al juicio que se llevó a cabo en su ausencia. Iglesias Pantin, 217-218, 227.

[10] Rafael Bernabe y César J. Ayala, *Puerto Rico in the American Century, A History since 1898* (North Carolina: University of North Carolina Press, 2007) 61-66.

económicas inherentes al capitalismo.[11] A esta política laboral la llamamos economicista.

El momento culminante del proceso de consolidación de la influencia de la AFL sobre la FLT ocurrió probablemente durante los conflictos huelgarios de 1905[12]. El fracaso de las huelgas de 1905 dejará un "espíritu anti huelga" entre los miembros de la FLT que favorecerá la implantación de una estrategia de arbitraje con el objetivo de evitarlas[13]. A pesar de que Iglesias Pantín describía la AFL como "conservadora", para diferenciarla de las organizaciones revolucionarias en Europa, admiraba su estrategia sindical. Según Iglesias, "en la práctica, los obreros manuales organizados de los Estados Unidos, han obtenido muchas mejoras y superiores condiciones económicas y sociales que los de ningún otro país del

---

[11] American Social History Proyect. *Who Built America? Working People & the Nation's Economy, Politics, Culture & Society*. (New York: The City University of New York, 1992) 129.

[12] Córdova, 18.

[13] Ángel Quintero Rivera y Gervasio García, *Desafío y solidaridad: breve historia del movimiento obrero puertorriqueño* (Río Piedras: Ediciones Huracán, 1986) 47-48.

mundo."[14] Para Santiago Iglesias, estas mejoras fueron producto de su política de favorecer el arbitraje voluntario sobre las huelgas.

Pero no todos los sectores apoyarán este cambio de dirección. Andrés Rodríguez Vera, militante de la Federación Libre hasta 1915, y luego del Partido Unión de Puerto Rico, publicó varios libros en los que analizaba la situación económica de Puerto Rico, y en los que expresaba unas fuertes críticas a las acciones políticas de Santiago Iglesias Pantín.[15] Según Rodríguez Vera, el acercamiento con la AFL será el producto de una decisión de conveniencia personal de Iglesias Pantín, y lo describirá como una traición a los principios del socialismo. Rodríguez Vera se referirá en sus escritos a Santiago Iglesias Pantín como "el agente de Wall Street"[16], y verá en él las causas de los fallos principales que aquejaban al movimiento obrero.

---

[14] Iglesias Pantín, 210-212.

[15] Para un interesante resumen y análisis de las ideas de Rodríguez Vera ver Bernabe, *Respuestas al Colonialismo*, 92-98.

[16] Andrés Rodríguez Vera, *El Triunfo de la Apostasía* (San Juan: Tipografía La Democracia, 1930) 97.

A pesar de que nos parece desacertado analizar las causas de este proceso a partir de los actos de uno sólo de sus protagonistas (más allá de lo acertado o no de la crítica al carácter de Santiago Iglesias Pantín) aun así, nos parece que es necesario poner en perspectiva cuáles eran las "ideas socialistas" defendidas por Iglesias Pantín por ser el portavoz de un grupo importante de los trabajadores organizados. Según Clarence Senior:

> Su filosofía socialista no era la de los marxistas españoles, los que originalmente le infiltraron el deseo de mejorar el orden social. Los críticos comunistas y de otros "marxistas" citan a Iglesias como asemejando su filosofía a la de Jesús. Específicamente, él había dicho, "La doctrina marxista debe considerarse como parecida a la doctrina emancipadora de Jesús." El describía su creencia socialista como "idealismo intuitivo en pos de justicia y bienestar. Demanda más pan para el hambriento; mejores salarios y menos jornada para el trabajo. Significa la manumisión cívica, social y humana de la esclavitud, por lo tanto, una base espiritual más firme para la democracia.
>
> ... Esta actitud significaba, desde luego, que Iglesias se oponía a consignas tales como "la dictadura del proletariado." Esto le ganó la enemistad de los comunistas y sus simpatizantes de antes de la revolución rusa. Insistía que el socialismo podía lograrse a través "de las instituciones democráticas del pueblo, incluyendo el trabajo organizado. La lucha de clases, que divide a los trabajadores en bandos suicidas y jerarquías... tiene que echarse a un lado.[17]

---

[17] Clarence Senior, *Santiago Iglesias, apóstol de los trabajadores*, trad. Jesús Benítez (Hato Rey, PR: Universidad Interamericana, 1972) 54-55.

La igualdad para Iglesias, "significaba que todos los ciudadanos debían tener los mismos derechos en justicia, sin discrimen de clase alguna a base de raza, color, credo, sexo, condiciones económicas o clases sociales.[18]

Paradójicamente, la influencia de las ideas anarquistas entre los trabajadores de la FLT contribuirá a la aceptación y la promoción de esta visión sindical. Según Cesar Andreu Iglesias:

> La concepción anarquista de un mundo sin fronteras e inexistencia de la patria en términos del proletariado, desembocó en la identificación con la American Federation of Labor. El tradicional repudio ácrata a la política, su exagerada concepción del papel de los sindicatos como instrumentos de transformación revolucionaria, concordaba, aunque paradójicamente, con la posición estrictamente economicista y de neutralidad política de la AF of L[19].

Esta visión política se recoge, por ejemplo, en las ideas anarquistas articuladas por Luisa Capetillo:

> Y piden gobierno propio para Puerto Rico, cuando la mayor parte de sus habitantes, careciendo de hogar propio y de alimentación, están sumidos en la miseria más degradante, que los convierte en instrumentos de los explotadores porque no tienen asegurado ni el derecho de poder defender su trabajo que es la huelga; porque se ven amenazados de un modo canallesco....
>
> Ya lo sabéis, Puerto Rico no necesita "por ahora" G.P. [gobierno propio], lo que necesita es que los trabajadores les paguen abundante jornal; y luego la instrucción obligatoria...

---

[18] Senior, 55.

[19] Citado en Ángel Silén, *Apuntes...*, 48-49.

...Lo demás que se pida es inútil, completamente "inútil"! Ahora, a prepararse en la organización, trabajadores a la Federación, para lo económico: y en lo político, dentro del Partido Socialista, en todas las elecciones, votad bajo la antorcha para la instalación del socialismo, que está en contra de los monopolios y los privilegios.[20]

Rafael Bernabe describe la visión política de este grupo de líderes obreros, quienes tuvieron probablemente en la figura de Iglesias Pantín a su portavoz más elocuente, como una de "reformismo colonial"[21] porque nunca defendieron una política revolucionaria que atentara contra el coloniaje o el imperialismo norteamericano en Puerto Rico. Este sector del liderato obrero manifestó constantemente un apoyo al gobierno de los Estados Unidos, culpando de todos los males que aquejaban a los trabajadores (desempleo, bajos salarios, represión policiaca) a la clase poseedora puertorriqueña, a quienes acusaban de controlar el aparato gubernamental colonial con el fin de mantener sus intereses, que eran, según ellos, incompatibles con las "instituciones americanas". Según se publicó en el periódico Unión Obrera en

---

[20] Luisa Capetillo, "Gobierno propio", *Mi patria es mi libertad*, ed. Norma Valle Ferrer (Cayey: Universidad de Puerto Rico en Cayey, 2008) 65-66. Esta cita también ilustra el carácter híbrido de los anarquistas puertorriqueños de la época, quienes llamaban a votar por un partido socialista.
[21] Bernabe, 86.

1910: "Desde que las instituciones americanas pusieron su planta en Puerto Rico, comenzó la conspiración de la reacción monárquica… Los prohombres antiguos y modernos hacen hoy todo lo posible por volver atrás."[22]

Para este grupo de trabajadores, las condiciones de vida en el Puerto Rico de antes de la invasión eran tan terribles que perciben como un gran avance el establecimiento de los nuevos derechos y libertades, como la libertad de asociación y de llevar a cabo huelgas, que acompañan la nueva estructura colonial. Para Iglesias Pantín, el coloniaje español podía explicar incluso las deficiencias democráticas que se sufrían a principios del siglo 20: "Si el pueblo trabajador no tiene mayor grandeza y mejor vida en el presente, no es culpa directa de las actuales condiciones de vida, si no de su triste incapacidad que le legó la pasada época del dominio monárquico, sacerdotal y militar."[23]

Sin embargo, para Bernabe, no todos los sectores del liderato obrero compartían esta visión:

---

[22] Bernabe, 85.
[23] Bernabe, 87.

La consolidación del punto de vista reformista colonial en el movimiento obrero no estuvo exenta de conflictos. Podemos recordar, por ejemplo, el conocido intento de Manuel Rojas en la convención de 1919 de dotar al partido de un programa independentista. La propuesta de Rojas fue derrotada. Durante el debate, Iglesias afirmó que el Partido Socialista no necesitaba "definir ningún Status Político para implementar" su "sistema ideal".[24]

Para otros autores, la afiliación con la AFL significó la adopción de ideas más conservadoras. Por ejemplo, para Félix Córdova el vínculo con la AFL "tendría un precio considerable" porque conllevaría la aceptación de una forma de sindicalismo diferente, despolitizado: "Antes de que Samuel Gompers depositara su confianza en él [en Santiago Iglesias Pantín], y de que la AFL lo nombrara organizador general para Puerto Rico y Cuba, Iglesias debía demostrar la efectividad de su nueva educación. La reeducación de Iglesias significó la asimilación de la ideología del "business unionism" que caracterizaba a la AFL".[25] Esta idea es compartida por Arturo Bird Carmona quien asegura que el vínculo con la AFL se tradujo en la adopción de una "nueva política

---

[24] Bernabe, 91.

[25] Córdova, 44-50. Este proceso de "reeducación" es narrado por el propio Santiago Iglesias en su libro *Luchas Emancipadoras*, 204-210

organizativa en franca oposición a la tendencia política del movimiento laboral puertorriqueño".[26]

Sin embargo, nos parece que a pesar de que el acercamiento con la AFL significó un fortalecimiento del sindicalismo economicista, los líderes de la Federación Libre nunca abandonaron su agenda política de tener representación obrera en las instancias de poder político. Como veremos, la aparente renuncia a la participación electoral directa, y la adopción por momentos de la política electoral importada de la AFL de apoyar amigos y denunciar a los enemigos, fue producto de razones de carácter nacional: el pesimismo que produjo por momentos la falta de capacidad de organizar un movimiento electoral significativo por parte de los líderes de la Federación. La FLT nunca renunciará a participar directa e indirectamente, a nivel nacional o regional, en las elecciones generales de Puerto Rico desde el 1900 hasta el 1915.

Participación electoral de la FLT antes de 1915

El Partido Obrero Socialista fue creado como una alternativa política ante el intento de los partidos Federal y Republicano de

---

[26] Arturo Bird Carmona, *A lima y machete, la huelga cañera de 1915 y la fundación del Partido Socialista* (Río Piedras, PR: Ediciones Huracán, 2001) 23.

controlar el voto de los nuevos electores trabajadores. Los miembros del POS tenían que ser miembros de la FLT.[27] Su propósito se planteaba como "la conquista del poder político por medio del procedimiento legal."[28]

En las primeras elecciones generales bajo la Ley Foraker, en noviembre de 1900, el POS trató de postular candidatos, pero éstos fueron rechazados por el Comité Electoral por alegadas violaciones al procedimiento de postulación.[29] Ésta será la razón principal que llevará al POS al retraimiento electoral forzoso junto al Partido Federal. El POS desarrollará una campaña de denuncia contra lo que percibía como un atentado a la libertad de prensa y de reunión, así como en contra de la represión gubernamental hacia la oposición.[30]

Para las elecciones de 1902, el POS se aliará al Partido Federal con el fin de postular dos candidatos a la Cámara de

[27] Iglesias Pantín, 125.
[28] Igualdad Iglesias de Pagán, *El obrerismo en Puerto Rico, 1896-1905. Guía cronológica del movimiento obrero organizado y del Partido Socialista y Obrero de Puerto Rico* (San Juan: Ediciones Juan Ponce de León, 1973) 74.
[29] Bird Carmona, 117-118.
[30] Iglesias Pantín,132-133.

Delegados bajo la papeleta electoral de éste último. Ambos candidatos serán derrotados electoralmente.[31]

A pesar de que los socialistas consideraban que tanto el Partido Republicano como el Federal eran partidos burgueses y capitalistas[32] se justificó la alianza como respuesta a la campaña represiva del gobierno, apoyado por los republicanos, en contra de la FLT y del Partido Federal.[33] Las Turbas Republicanas fueron quizás el mejor ejemplo de esta violencia organizada en contra de ellos:

> ... se organizan partidos de hombres pagados por la administración municipal [de San Juan] y dirigidas por los leaders del Partido Republicano Puro con el apoyo de los gobernadores americanos para asaltar imprentas y hogares, atropellar, asesinar, y cometer toda clase de atropellos en contra de los que no se avenían a la política de servilismo incondicional que ellos practicaban.[34]

La alianza electoral con el Partido Federal se propondrá como una unión necesaria para defenderse de un enemigo en común.

---

[31] Los candidatos fueron Eugenio Sánchez López, por Ponce, y Santiago Iglesias Pantín, por Guayama. Ferrer y Ferrer, 363.

[32] Bolívar Pagán, *Historia delos partidos políticos puertorriqueños (1898-1956)* (San Juan: Librería Campos, 1959) 52-58

[33] Iglesias Pantín, 118-119.

[34] Rodríguez Vera, 63.

El POS no participará en las elecciones de 1904. La FLT llegará a otro entendido electoral con el recién creado Partido Unión de Puerto Rico, alianza que contará con el respaldo de Samuel Gompers, quien será incluso el redactor del programa laboral propuesto por este partido.[35] En estas elecciones se elegirán seis delegados de la FLT a la Cámara de Delegados bajo la papeleta del Partido Unión.[36]Es la primera vez en la historia de Puerto Rico que se eligen trabajadores como legisladores. El grupo estaba compuesto por 2 tipógrafos, un carpintero, un pintor, un marinero y un periodista.[37]

El Partido Unión de Puerto Rico fue creado como un "frente común de estadistas, independentistas, socialistas y autonomistas" para denunciar el régimen colonial impuesto por los Estados Unidos. Algunos de sus fundadores se definían como simpatizantes del socialismo. Este es el caso de Rosendo Matienzo Cintrón, quien venía de las filas del Partido Republicano, y que definía sus ideas como socialistas. Según Matienzo Cintrón:

---

[35] Rafael Alonso Torres, *Cuarenta años de lucha proletaria* (San Juan: Imprenta Baldrich, 1939) 364.

[36] Ibid., 364.

[37] Quintero Rivera y Gervasio García, 52.

... no existen más que dos clases, la de los explotados y la de los explotadores. Y es preciso que los explotados se unan y luchen al calor de las santas ideas del socialismo, porque los egoístas explotadores todo lo quieren para sí.

Cuando el instante sea llegado, iré sin vacilar a la gran revolución del proletariado.

... No debe existir más que una Federación, y... la Libre tiene la razón de ser... por los ideales que sustenta, que significan la justicia..., y son mis propios ideales; los de la UNIÓN por medio del socialismo[38]

A pesar del aparente radicalismo de estas líneas, el pensamiento de Matienzo podría ser definido más bien como uno *democrático radical*[39] Sin embargo, el discurso político a favor de los trabajadores de los sectores más liberales del Partido Unión pueden ayudar a explicar el entendido electoral de 1904. La lucha sindical pondrá a prueba esta alianza.

Quintero Rivera ha señalado las consecuencias negativas de la alianza de 1904 con el Partido Unión. Se sacrificó la propaganda a favor de la defensa de los intereses de los trabajadores por la del discurso político de los unionistas (la autonomía), y se creó la *ilusión* de que era posible alcanzar conquistas fundamentales a través de los

---

[38] Citado en Bernabe, 47.

[39] Bernabe, 47.

partidos de la clase propietaria.[40] Para este investigador, la alianza de 1904 también marcó la desaparición del Partido Obrero Socialista del escenario electoral. Sin embargo, a pesar de esto, como consecuencia del predominio de un discurso pro patronal de los sectores dominantes del PU, se tratará de organizar una oposición a esta política de alianzas del liderato de la Federación.

Los conflictos laborales de 1905 y 1906 provocarán un primer debate importante sobre las alianzas electorales de los trabajadores organizados. Para esta fecha, los obreros de la caña se levantarán en importantes huelgas con el objetivo principal de aumentar sus salarios. Estas huelgas fueron aprovechadas por la FLT para extender su influencia e ideas socialistas, lo que producirá choques con sus aliados unionistas, quienes denunciarán las intenciones de la FLT de sacarle provecho a lo que ellos consideraban un asunto económico, aunque no podrán impedir que las huelgas adquirieran un carácter político.[41]

En el Tercer Congreso Obrero de la FLT en 1905, se presentaron 11 resoluciones a favor de la creación de un nuevo

---

[40] Ángel Quintero Rivera y Gervasio García, 53.
[41] Córdova, 86-88.

partido político obrero. Entre los proponentes de este proyecto se encontraban Julio Aybar y Esteban Padilla, quienes serán protagonistas importantes de la formación del PS en el 1915. Se llevará a cabo un debate sobre el tema, y saldrá victoriosa la postura defendida por Santiago Iglesias quien favorecía el fortalecimiento del polo sindical, y que se mantuviera el entendido político con el Partido Unión porque consideraba que los trabajadores no estaban listos para correr solos en un partido durante las elecciones.[42] En un manifiesto con fecha del 2 de junio de 1906, un grupo de trabajadores se expresó a favor de la reorganización del POS afirmando que "el Partido Socialista estaba constituido y que como trabajadores ellos lucharían al lado de sus compañeros del Partido, sin componendas ni fusiones con los partidos burgueses."[43]

El debate de los trabajadores se vio afectado por una decisión de sus aliados electorales. En su asamblea preelectoral de 1906, los unionistas decidieron no aceptar candidatos que no estuvieran inscritos en el PU[44], y excluyeron expresamente a Santiago Iglesias

---

[42] Bird Carmona, 30.

[43] Bird Carmona., 30.

[44] Pagán, 365.

de correr para cualquier puesto electoral bajo la insignia del Partido.[45]

La decisión del PU reactivará el debate y provocará una división en el seno de la FLT. Un sector decidió seguir apoyando la estrategia electoral de postular candidatos bajo la papeleta del PU porque entendían que no había tiempo suficiente para un cambio de estrategia ante lo cercano que estaban las elecciones. Entre los trabajadores que defendían esta postura se encontraban Ramón Romero Rosa, Elías Concepción, Vicente Burgos y Federico Virella.[46] Sin embargo, se impone el sector liderado por Iglesias Pantín, quien propone ahora un alejamiento del PU. Se crea un Comité de Representación Obrera, integrado por Santiago Iglesias Pantín y Rafael Alonso Torres, entre otros. El Comité propone la participación electoral independiente a través de la inscripción de la FLT como partido político.

---

[45] Bird Carmona, 29. Iglesias Pantín explica esta exclusión como producto del desacuerdo generado por la introducción por los delegados socialistas de proyectos de ley de beneficio para los obreros, y por temor de la influencia de Santiago Iglesias sobre los obreros. Iglesias Pantín, 374.

[46] Bird Carmona, 31.

El cambio de postura de este grupo de líderes, quienes decidieron que la FLT participara en las elecciones de manera independiente, contradice claramente los argumentos que se habían presentado anteriormente para oponerse al alejamiento del PU. En el momento que los intereses personales de este sector, dirigido por Santiago Iglesias Pantín y Rafael Alonso Torres, se vieron afectados por la decisión de exclusión del liderato unionista, proponen arriesgarse a participar en las elecciones precipitadamente como partido independiente para gozar de la posibilidad de beneficiarse de un éxito electoral, y no por tener diferencias ideológicas o políticas con el programa del PU. Nos parece que esto ya es un síntoma del desarrollo de un proceso de burocratización que comienza a producirse en esta época.

Cuando hablamos de burocratización nos referimos al proceso de centralización del control del sindicato, o del partido político, en manos de unos líderes que trabajan a tiempo completo en las actividades sindicales o políticas por las cuales obtienen un salario. La burocratización se caracteriza por la permanencia en la dirección de los mismos dirigentes, cuyo estilo de vida depende de estos puestos. En el caso del sindicato, se trata de la *profesionalización* de estos puestos porque estos líderes se volverán organizadores profesionales cada vez más separados de las condiciones salariales y laborales que reinaban en la época. Por ejemplo, a su regreso a Puerto Rico en el 1901, Santiago Iglesias Pantín se convirtió en el organizador sindical oficial de la AFL en Puerto Rico, trabajo por el cual se le pagaba un salario, y a partir de ese momento nunca más volvió a ganarse la vida como carpintero. Iglesias Pantín se mantuvo en la dirección de la FLT, y luego del PS, hasta su muerte en el 1938. El proceso de burocratización tendrá repercusiones importantes sobre la adopción de las estrategias de participación electoral de las organizaciones obreras. Para un grupo de líderes obreros, la existencia del sindicato o del partido, y sus victorias electorales, tendrán que ver más con la defensa de sus intereses particulares que con la agenda de transformación social planteada.

El Partido de la Federación Libre de Trabajadores participará en las elecciones de 1906 y de 1908, pero en ambos casos se verá incapaz de llegar ni tan siquiera al 1% del total de los votos emitidos.[47] El fracaso en las urnas revivirá el debate sobre la pertinencia de la participación electoral, y fortalecerá la postura que abogaba por una estrategia más economicista.[48]

En el Sexto Congreso Obrero de la FLT en 1910 se lleva a cabo un nuevo debate sobre la política eleccionaria a seguir. Ante los fracasos electorales sufridos, se aprueba una resolución que dicta que no se volverá a inscribir la FLT, y se adopta oficialmente la estrategia política defendida por la AFL de favorecer electoralmente a individuos miembros de los partidos inscritos que se comprometan abiertamente con una agenda política a favor de los trabajadores, a la vez que se lleva a cabo una campaña en contra de los candidatos hostiles a ella.[49] Esta estrategia había sido definida por la AFL en su Vigésimo Novena Convención de la siguiente manera:

> … que la American Federation firme e inequívocamente favorece el uso independiente del voto por los trabajadores organizados con el fin de elegir hombres de nuestras propias líneas para hacer nuevas leyes y administrarlas de acuerdo con las demandas del trabajo organizado, y elegir una judicatura imparcial que no nos gobierne por los arbitrarios

---

[47] Quintero Rivera y Garcia, 54.

[48] Bird Carmona, 33.

[49] Alonso, 369.

injunctions de las Cortes ni actúe como un aliado de las Corporaciones adineradas.[50]

Sin embargo, en Puerto Rico, según Rafael Alonso Torres, "este procedimiento no dio resultado satisfactorio alguno, pues los candidatos destacados como hostiles resultaron triunfantes en las elecciones de los años 1910 y 1912 por mayor número de votos."[51]

Mientras tanto, en Arecibo, un grupo de socialistas miembros de la FLT decidió tomar distancia de las posturas electorales adoptadas en 1910. Desde 1906, el Partido Obrero Insular, presidido por Esteban Padilla, participará activamente en las elecciones, a pesar de que no logrará reunir una cantidad importante de votos antes de 1912[52].

Esteban Padilla fue uno de los proponentes de la reconstrucción del POS en 1905. Para Padilla, los sucesos relacionados a las huelgas de 1905, y particularmente a la del 1906

---

[50] José Ferrer y Ferrer, *Los ideales del siglo XX* (San Juan: Tipografía "La Correspondencia de Puerto Rico", 1932), 41-42.

[51] Alonso, 369.

[52] La cantidad de votos emitidos a favor del POI en Arecibo son los siguientes: 1906- ?, 1908- 702 votos, 1910- 802 votos. A pesar de que el nombre del POI no aparece en las listas electorales antes del 1908, Esteban Padilla afirmaba su existencia y su participación electoral en la Primera Convención del Partido Socialista en 1915. (Bird Carmona, 32.)

en Arecibo serán aleccionadores sobre la estrategia electoral que deben desarrollar los socialistas:

> Como consecuencia de los sucesos anteriores ocurridos anteriormente [sic], y para hacer reflexionar sobre sus errores a la burguesía política y capitalista y para demostrar a esa clase nuestra indignación y rebeldía nos organizamos políticamente bajo la bandera del trabajo y constituimos el trabajo de clase...[53]

Luego de la decisión adoptada en el Sexto Congreso de la FLT en 1910, el POI ignoró la nueva política adoptada y siguió participando del proceso electoral en Arecibo. En las elecciones de 1912, los votos recibidos por el partido en su Distrito (2,359 votos) fueron superiores a los del PFLT en las elecciones de 1908 en toda la Isla (1,327 votos). En 1914 es elegido en Arecibo por primera vez en la historia de Puerto Rico un alcalde socialista; el POI obtuvo un total de 3,083 votos que le darán una mayoría amplia en el Consejo Municipal.[54]

Ahora bien, es importante destacar que para estas elecciones el POI se alió con el Partido Republicano. A pesar de que la base teórica que va a justificar la fundación y existencia del POI, según el

---

[53] Bird Carmona, 34.
[54] Bird Carmona, 37-38.

debate de 1905 y 1906, será la necesidad de un partido electoral que represente los intereses de los trabajadores frente a los partidos capitalistas y burgueses, se llegará a una alianza electoral con uno de estos partidos para disfrutar de la posibilidad de lograr elegir candidatos. Aunque la cantidad de votos que representó el Partido Republicano no fue sustancial (223 votos), el éxito aparente de esta alianza electoral será importante para justificar las estrategias electorales posteriores que adoptará el Partido Socialista que se fundará en 1915. La alianza con los republicanos durará muy poco, ya que en el 1916 los republicanos se aliarán a los unionistas para derrotar a los socialistas en Arecibo.

A pesar de que la experiencia del POI será decisiva para la determinación de fundar un nuevo partido socialista a nivel nacional, hubo otros eventos de índole económica y sindical que crearon las condiciones necesarias para ello.

Fundación del Partido Socialista

La fundación del Partido Socialista en 1915 será posible en gran medida gracias a la ampliación de las bases militantes de la FLT que ocurrió como consecuencia de la campaña de sindicalización y organización política llevada a cabo por la Federación.

La FLT se fortaleció en la medida que cuajaba el proceso de transformación de la economía puertorriqueña, cuando la agricultura de plantaciones remplazó la de haciendas como sector de producción principal. Los miembros fundadores de la Federación fueron artesanos urbanos quienes experimentaron un proceso de proletarización similar al de los trabajadores agrícolas:

> El trabajo salarial transformó la lucha económica de los sectores antiguamente artesanales. Al no vender ya su producto, sino su fuerza de trabajo, la preocupación por el control de la oferta y la calidad, que había colocado a los artesanos a la defensiva frente a los trabajadores no-diestros, perdió importancia. El producto le pertenecía al dueño de los medios de producción y era éste quien tenía que preocuparse por su mercadeo. La preocupación de los trabajadores fue centrándose en las condiciones de la venta de su fuerza de trabajo, y la lucha gremialista frente a los trabajadores no-diestros fue transformándose en la lucha sindicalista contra quienes controlaban los medios de producción. La solidaridad combativa (de la lucha sindical) fue base de los nuevos elementos culturales que iban surgiendo tanto de los antiguos campesinos de las plantaciones cañeras como de los artesanos en vías de proletarización.[55]

Las primeras uniones que formaron la FLT fueron de artesanos: albañiles, carpinteros y tabaqueros, entre otros (ver Tabla

---

[55] Quintero Rivera y Gervasio Garcia, 73.

1). En un principio, los trabajadores provenientes de este sector artesanal ocuparon los principales puestos de la dirección.

Tabla 1

Trabajadores organizados por la Federación Libre de Trabajadores, 1904-1907[56]

Oficios	Total de trabajadores según el censo	Miembros de la FLT, 1904	Miembros de la FLT, 1907
agrícolas	211,832	2,832 (1.3%)	223 (.1%)
tabaqueros	3,683	63 (1.7%)	977 (27%)
carpinteros	5,125	449 (8.8%)	809 (16%)
tipógrafos	352	44 (12.5%)	26 (7%)

Ya para el 1914 las plantaciones azucareras se habían convertido en el sector dominante de la economía puertorriqueña. El azúcar pasó a ser ya para la segunda década del siglo 20 el sector de exportación principal de la Isla (ver Tabla 2)

---

[56] Tomado de Quintero Rivera y Gervasio Garcia, 45.

Tabla 2

Porcentaje del valor total de las exportaciones[57]

	Azúcar	Café	Tabaco
1897	21.6	59.7	-
1914	47.0	19.0	7.7

El desarrollo de la plantación azucarera aceleró el proceso de proletarización del trabajo agrícola en Puerto Rico sobre el que se desarrolló una nueva cultura que se opuso a la ideología señorial del siglo precedente:

> El desarrollo de una agricultura cuyo régimen laboral se basaba en la compra y venta de fuerza de mano de obra, *i.e.*, una agricultura capitalista, transformó radicalmente la mentalidad del trabajador agrícola. La ideología señorial del paternalismo y la deferencia fue perdiendo sentido: el mejoramiento económico individual dejó de ser producto de la "benevolencia" paternalista; ante la corporación azucarera los trabajadores eran homogéneamente fuerza de trabajo y el mejoramiento económico individual era únicamente posible con el mejoramiento de todos: un aumento en los salarios por

---

[57] Tomado de James L. Dietz, *Historia económica de Puerto Rico* (Río Piedras, PR: Huracán, 1989) 118.

hora. Fue desarrollándose entre el proletariado cañero, lo que ellos mismos llamaron en el periodo, un "espíritu de clase", que se configuraba alrededor de unos elementos de cultura alternativa cuyo tuétano era la solidaridad combativa- aquello que necesitaba cada uno para mejorar en su lucha material cotidiana irremediablemente colectiva.[58]

Sin embargo, para el 1910, casi un 60% de los trabajadores organizados en la FLT eran tabaqueros.[59] Esta situación cambiará durante la próxima década, como consecuencia de los esfuerzos de una campaña de organización, la "Cruzada del ideal", que será exitosa en reclutar finalmente a los trabajadores agrícolas. La llamada *Cruzada* tenía como fin la organización política y sindical de los trabajadores en uniones locales y en círculos obreros.[60]

Durante los meses de enero a marzo de 1915, más de 17,000 trabajadores de la caña se irán a la huelga en 24 de las 39 centrales más importantes de la Isla.[61] El aumento de la demanda del azúcar que se da durante la Primera Guerra Mundial creó un nuevo espacio para los reclamos de mejoras a las condiciones laborales de los trabajadores de ese sector en Puerto Rico. Gracias al trabajo

---

[58] Quintero Rivera y Gervasio Garcia, 67.

[59] Quintero Rivera y Gervasio Garcia, 49.

[60] Quintero Rivera y Gervasio Garcia, 59.

[61] Bird Carmona, 83; y *Quintero Rivera y Gervasio Garcia*, 59.

organizativo de la Federación, miles de trabajadores de la caña ingresarán a sus filas. Sin embargo, durante la huelga, los patronos involucrados acusaron a la Federación de ser un ente completamente ajeno al mundo laboral de la hacienda azucarera. Por ejemplo, Jorge Bird, presidente de la Fajardo Sugar Co., denunciará que "... los organizadores de la huelga eran miembros de la Federación Libre y prácticamente todos eran tabaqueros."[62] La integración de los obreros agrícolas de la caña a las bases militantes del Partido Socialista será decisiva para su crecimiento.

Durante la huelga, las autoridades gubernamentales ayudaron a reprimir duramente a los trabajadores. Hubo casos de golpizas y acusaciones de asesinatos por parte de la policía[63]. El apoyo del gobierno colonial fue tan evidente que los agentes policiacos eran incluso alojados y alimentados por los centralistas cuyos trabajadores estaban en huelga.[64]

---

[62] Bird Carmona, 100.
[63] Para algunos ejemplos detallados, ver Bird Carmona, 102-105 y 109-112.
[64] Bird Carmona, 10.2

La prensa en general también fulminó en contra de la huelga; se le acusó a la FLT de ser la promotora de ideas anarquistas que ponían en peligro a la población en general.[65]

Por su parte, la prensa obrera acusaba a los hacendados de controlar el aparato gubernamental. En un editorial del periódico *Justicia* se decía sobre la Cámara de Delegados que:

> Los delegados que en ella dominan son los de siempre: los hacendados y sus abogados. Allí hemos visto de qué manera se ríen cuando oyen decir al delegado Aybar que la policía maceteo al pueblo; los hacendados y sus abogados se sienten llenos de satisfacción.
> La burla todavía es mayor cuando Aybar dice el pueblo; entonces la sonrisa más burlesca aparece en los semblantes de todos aquellos burgueses satisfechos, y sus abogados hace más deleitable la guasa irónicamente liberticida, cuando al pedir que pase votación derrotan la moción de Aybar en medio de bromas y sarcasmos.[66]

Julio Aybar, de Mayagüez, único delegado obrero durante el periodo cuando se llevó a cabo la huelga, había sido electo gracias a un acuerdo preelectoral con el Partido Republicano. El 17 de febrero, Aybar pidió un voto de censura en contra de la policía por sus actos

---

[65] Bird Carmona, 115-120.
[66] *Justicia*, 13 de marzo de 1915

43

de violencia hacia los trabajadores huelguistas. El resultado de la votación fue de treinta votos en contra, y sólo dos a favor.[67]

Muchos de los delegados de la Cámara estaban asociados al sector azucarero. Este era el caso de José de Diego, Antonio Barceló, Eduardo Giorgietti o Julio Castro.

> Para el delegado Aybar la complicidad entre delegados y centralistas era evidente. Ésta se manifestaba no tan sólo en los debates, si no también en los resultados de las votaciones, ya que los delegados unionistas y los republicanos votaban consecuentemente en favor de los intereses azucareros.[68]

Esta situación hacía muy difícil justificar la campaña de apoyar amigos y hacer campaña en contra de los enemigos. El evidente apoyo del gobierno a la clase dirigente hacia la que los trabajadores organizados dirigían sus reclamos despertará nuevamente la esperanza de la posibilidad de crear un partido de los trabajadores.

Serán los líderes del POI quienes materializarán el deseo de llevar a cabo un esfuerzo de reorganización de un partido socialista nacional. El 24 de febrero de 1915 se envía una convocatoria desde Arecibo para la postulación de candidatos a delegados de la Primera

---

[67] Bird Carmona, 120.
[68] Bird Carmona, 125.

Convención del Partido Socialista. El 21 y 22 de marzo se reunieron en Cayey delegados de toda la Isla para darle nacimiento al nuevo partido. [69] El cambio de nombre de Partido Obrero Socialista a Partido Socialista fue producto de una resolución de Manuel Rojas en la Convención que fue adoptada por mayoría. Como parte de la misma resolución, el PS debía afiliarse al partido del mismo nombre en los EE. UU., lo que se volverá realidad hasta la división de éste último poco tiempo luego. [70]

Composición del Partido Socialista

El Partido Socialista fue un reflejo de los cambios que transformaron la fuerza laboral en Puerto Rico, y de los procesos de organización sindical de ésta. El primer sector de los trabajadores que se organizó en Puerto Rico fueron los artesanos desde, muy probablemente, mediados del siglo XIX. La Federación Libre, así como ocurrió con la Regional, fue creada por una mayoría de trabajadores artesanales: "Las primeras uniones echarán raíces en los oficios especializados y desde la fundación de la Federación Libre

---

[69] Iglesias Pantín, 267.
[70] Alonso Torres, 372.

los artesanos ocuparon los principales puestos de dirección."[71] En 1904, los trabajadores agrícolas organizados en la Federación Libre apenas representaban el .1% del total, en comparación con el 27% de tabaqueros, o del 16% de carpinteros.[72]

Desde muy temprano, la dirección de la Federación Libre se dio a la tarea de organizar sindicalmente el sector agrícola, pero sin éxito. A pesar de los esfuerzos de reclutamiento durante los conflictos huelgarios en el sector de la caña de azúcar a principios del siglo, para la huelga de 1906, de 5,000 huelguistas sólo 182 estaban afiliados a la Federación.[73] La escaza presencia en el sector agrícola, y la incapacidad de aumentar las filas del sindicato, beneficiándose de las cuotas que esto conllevaría, contribuían al debilitamiento de la Federación Libre. Para 1908, la Federación no contaba aún con ningún organizador permanente pagado por el sindicato.[74] Todavía para el 1910, el sector mejor organizado era el

---

[71] Quintero Rivera, 44-45.
[72] Quintero Rivera, 44-45.
[73] Quintero Rivera, 46-47.
[74] Quintero Rivera, 46-47.

de los tabaqueros quienes representaban casi un 60% de todos los trabajadores organizados en la Federación.[75]

La debilidad de la Federación Libre explica, como ya presentamos, su ambigua política de participación electoral durante el periodo. En el 1904, cuando por primera vez en la historia de Puerto Rico se eligen trabajadores para la legislatura colonial, todos ellos provenían del sector artesanal: dos tipógrafos, un carpintero, un pintor, un marino y un periodista.[76]

Los militantes de la Federación tienen que esperar hasta la segunda década del siglo XX para ver finalmente el sindicato enriquecerse de la presencia de los trabajadores del sector agrícola. Este reclutamiento tiene tres causas principales. La primera es el proceso de proletarización del trabajo agrícola que termina con los vestigios de las relaciones de producción pre capitalistas entre el trabajador y el hacendado (como el compadrazgo y el paternalismo), y crea una nueva conciencia de clase entre los obreros agrícolas. La segunda fue la campaña de reclutamiento masivo que desarrolló la Federación Libre desde 1906 y que llevó el nombre de "cruzada del

---

[75] Quintero Rivera, 49.
[76] Quintero Rivera, 52.

ideal".[77] La proletarización de los agricultores creó las condiciones para que esta campaña fuera exitosa, sobre todo durante el momento decisivo de la huelga de los trabajadores de la caña de azúcar de 1915. Este proceso huelgario de 1915 constituye nuestra tercera causa; el apoyo de los partidos Unión y Republicano a los patronos y la dura represión contra los trabajadores en huelga ayudó a crear la conciencia de la necesidad de organizarse sindical y políticamente para defender sus intereses de clase.

A pesar de que a partir de este momento la base votante del Partido Socialista estuvo compuesta mayoritariamente por obreros agrícolas, como lo demuestra el predominio electoral del Partido en los municipios en donde se daba el cultivo de caña[78], hubo muy poca presencia de este sector en los puestos de dirección nacional de la colectividad política.

Programa político del Partido Socialista

El programa político inicial del Partido Socialista podría ser descrito como uno de reformas radicales. A pesar de que por

---

[77] Quintero Rivera, 59.
[78] Quintero Rivera, 128-140.

momentos se identifica al capitalismo como la fuente de los males que agobian a la sociedad, no se plantea claramente la necesidad de un proceso de cambio revolucionario. El fin del Partido Socialista era la libertad del pueblo, y ésta se conseguiría cuando las "fuerzas productoras organizadas" se unieran para destruir el "poder visible e invisible de la plutocracia que a todos nos agobia y esclaviza", y para fundar la "Democracia Social del Trabajo", concepto que no se profundiza en su programa. Este proceso de cambio podía ser llevado a través de reformas legislativas. Si presumimos que la destrucción de la plutocracia implicaba el fin del capitalismo, entonces el programa proponía la posibilidad de establecer una sociedad socialista mediante reformas que podían ser implementadas a través de la estructura política colonial.

Las propuestas de los partidos burgueses para solucionar la situación colonial eran planteadas como una trampa discursiva para alejar a los trabajadores de los asuntos importantes. De hecho, tales programas serán criticados como estrategias para perpetuar el poder de la burguesía en la Isla. Si bien se plantea un discurso de lucha de clases en el que se identifica claramente a los capitalistas como los enemigos de la clase obrera, no se es igualmente crítico en el discurso con respecto a las autoridades estadounidenses y el Congreso de los Estados Unidos. Según el Programa Político el Congreso es algo así como un árbitro imparcial que podría garantizar el respeto de los derechos humanos y las libertades civiles. Por ejemplo, se plantea que:

> Haremos comprender al Congreso de los Estados Unidos que la petición de algunas franquicias de carácter político, bajo el pretexto o título de autonomía, estado o independencia, no representa en teoría otra finalidad que el poder efímero en manos de una clase privilegiada de politicians y monopolistas del país, protegidos por la plutocracia.
> …
> Denunciaremos al Congreso que la mayor de las tiranías y el más horrendo de los crímenes, será cometido en contra del pueblo de Puerto Rico, si no se liberta a las masas del pueblo de la opresión económica, industrial y comercial en que se halla.

El Programa del Partido Socialista se enfoca sobre todo en los "cambios económicos". En éste, se identifican los problemas económicos y se proponen algunas soluciones:

1. El acaparamiento de las tierras por los "monopolios privados de especulación organizados en el exterior". Se acusa a los partidos políticos en Puerto Rico, y a las corporaciones de la Isla, de ser cómplices de esta

usurpación ilegal de las tierras. Se propone recuperar las tierras para dárselas a los puertorriqueños.

2. La fuga de capital. Se propone crear impuestos que ayuden a retener el capital que se exporta por las compañías absentistas.

3. Se denuncia que tanto el Gobierno de Puerto Rico como el Congreso de los Estados Unidos están al tanto de que ha habido un aumento constante de las riquezas producidas por el país, pero que éstas sólo han beneficiado a la plutocracia puertorriqueña y americana ("interna y externa").

4. Se propone el desarrollo de una industria manufacturera y agrícola puertorriqueña, que substituya los "intermediarios" que inflan el costo de los productos de consumo. Se propone también la nacionalización de las empresas privadas que brindan servicios como el transporte, las comunicaciones y la producción eléctrica.

5. Se denuncia el Sistema de Contribuciones como injusto porque obliga a los pobres a pagar proporcionalmente más que los ricos. Se propone reformar este Sistema.

Algunas de las propuestas legislativas que se proponen son:

1. Establecer un máximo de ocho horas de trabajo, con salarios adecuados al costo de la vida e igual paga para los hombres y las mujeres.

2. Abolición del trabajo infantil (menores de 16 años).

3. La creación de barriadas obreras en terrenos del gobierno que se pondrían a disposición de los trabajadores mediante un préstamo con intereses bajos y largos plazos de pago.

4. Creación de un sistema de pensiones para hombres y mujeres.

5. Sufragio universal y secreto para hombres y mujeres.

6. Abolición de la pena de muerte.

A pesar de la denuncia radical sobre los orígenes económicos de la desigualdad social, el Partido Socialista sólo propone medidas de carácter reformista en su programa. En éste, no se plantea la organización de un proceso revolucionario para transformar el sistema capitalista, a pesar de que se reconoce su existencia y se le establece claramente como la causa principal de la miseria vivida por los trabajadores. Además, la negativa de desarrollar una denuncia a la relación colonial entre Puerto Rico y los Estados Unidos favorecerá este discurso reformista y ayudará a mantener la imagen idealizada de las instituciones americanas que en ningún momento se vinculan con la realidad económica expuesta en el Programa.

Sin embargo, hubo un sector dentro del Partido que propondrá que se adopte la defensa de la independencia de Puerto Rico como una consecuencia lógica de los principios antiimperialistas que otros socialistas defendían en otros países. Esta disidencia sobre esta postura política la discutiremos en el próximo capítulo, como parte de los criterios para establecer que no hubo un discurso político homogéneo dentro de ese partido.

Para recapitular, el PS se fundará como consecuencia del proceso de proletarización por el que atravesó Puerto Rico a principios del siglo XX. La huelga de 1915 convencerá a muchos trabajadores de la naturaleza anti obrera de los partidos burgueses quienes se servían de las instituciones coloniales para canalizar y mantener sus intereses. Estos trabajadores, en su mayoría agrícolas, nutrirán las filas de la FLT y se constituirán en la base militante del Partido Socialista. Sobre esta huelga se expresará Manuel Rojas:

> La huelga agrícola de 1915 nos ha colocado en posición de una nueva experiencia respecto a lo que el pobre pueblo de Puerto Rico puede expresar del Gobierno, de la Legislatura, de la prensa y de todas las instituciones reaccionarias, de privilegio, creadas para dominar y explotar al país, empleando la fuerza, ordenando que se utilice la macana y el revólver, como la mejor forma para hacer rendir a infelices trabajadores siempre que estos soliciten que se mejore sus condiciones de vida.[79]

Según Iglesias Pantín:

> No bastaba que se luchara dentro de la organización obrera, cuando quedaba el poder político en manos de la reacción, había necesidad de ir a la lucha política, en un partido de clase, de carácter socialista. Así se podían cambiar las leyes tiránicas, opresoras, de privilegio, en beneficio de las masas proletarias.[80]

En las elecciones de 1917, el PS eligió un senador por acumulación, Santiago Iglesias Pantín, y un representante a la Cámara por Humacao y Yabucoa, José H. Aldrey.[81]

---

[79] *Actuaciones de la Primera Convención Regular del Partido socialista*, 15.
[80] Santiago Iglesias Pantín, *Luchas Emancipadoras, crónicas de Puerto* Rico, Tomo II (San Juan: Imprenta Venezuela, 1962) 268.
[81] Alonso Torres, 372; Bayron Toro, 150-151.

En las próximas elecciones, el PS obtendrá un total de 24,468 votos, lo que le dará la victoria en seis municipios: Fajardo, Ceiba, Luquillo, Naguabo, Yabucoa y Culebra. Fajardo será conocida como "la Ciudad Roja" porque los socialistas seguirán ganando hasta el 1944, cuando serán derrotados por el Partido Popular Democrático.[82]

---

[82] Nilsa Rivera Colón, *Los pleitos electorales socialistas en Fajardo: 1920 a 1924* (Tesis de Maestría, Universidad de Puerto Rico en Río Piedras, 1981)

Capítulo II: Los debates electorales del Partido Socialista

La fundación del Partido Socialista fue el producto de un nuevo optimismo sobre la posibilidad de desarrollar un partido electoral que respondiera a los intereses de los trabajadores organizados. Sin embargo, desde el comienzo no existió una visión homogénea de la misión y de la razón de ser del Partido. En su seno coexistieron al menos dos visiones políticas principales que se disputaron el control del timón de su desarrollo. Las diferencias ideológicas sobre la misión del Partido se manifestaron sobre todo durante los debates en las Convenciones que se llevaban a cabo en los años de elecciones, y en las que se discutía sobre la estrategia de participación electoral de la colectividad. Estos debates ocurren entre los delegados electos del Partido, en su mayoría provenientes del sector artesanal. A pesar de que predominaron desde el principio los sectores reformistas economicistas, hubo constantemente una oposición radical que se opuso a las políticas de colaboración con partidos burgueses. El choque entre estos grupos se intensificó durante los años hasta que las diferencias se volvieron irreconciliables.

En la Cuarta Convención del Partido Socialista en el 1919 se produjo el primer debate documentado en el que se puede apreciar claramente el choque entre las dos visiones diferentes que existían dentro del PS sobre su razón de ser y objetivos programáticos. Manuel Rojas, portavoz del grupo radical, tratará de que se adopte como parte del Programa del Partido un proyecto de formación de una república independiente socialista para Puerto Rico. Los líderes del grupo más conservador, a quienes llamamos reformistas, se oponen al proyecto presentado, y prevalece la postura de posponer la discusión del status político.

El discurso político inicial enarbolado por los dirigentes del Partido se inspirará en las teorías revolucionarias de las que se nutrían los trabajadores en Puerto Rico desde finales del siglo XIX[83].

---

[83] El desarrollo de la consciencia de clase de los trabajadores se nutrió de los estudios de obras de carácter revolucionario tanto socialistas como anarquistas. Un ejemplo de este como se organiza este proceso de educación política es la organización del Centro de Estudios Sociales a principios del siglo XX. Ver Alonso Torres, *Cuarenta años de lucha proletaria*, cap. XIV.

En la Cuarta Convención del Partido Socialista en mayo de 1919,

Iglesias Pantín afirmaba que era necesario ir más allá de la política

partidista, mientras le reconocía logros a los soviets rusos:

> Podemos decir que Rusia es más y democrática [sic] que la
> República Francesa.
> ... No hay duda que los gobiernos en todas partes son
> organismos formados por el sistema social capitalista y
> representan de igual modo los actos despóticos y de opresión
> que realizan en contra de los ciudadanos y de los pueblos
> oprimidos bajo su régimen.[84]

El secretario tesorero del PS, Manuel Rojas afirmaba que:

> Nosotros también nos emocionamos recordando las jornadas
> de la revolución francesa y su conquista de los derechos del
> hombre, pero pronto vino la reflexión a decirnos que los tales
> derechos del hombre no existen, porque el derecho a la vida
> no está garantizado para los que trabajan y producen; porque
> los bienes naturales permanecen usurpados; porque la
> sociedad se halla dividida en poseedores y desposeídos, en
> explotados y explotadores.
>
> ... La paz no está cimentada porque no han desaparecido las
> causas que la motivan, que incitan y promueven las guerras;
> no desaparecerán tales causas mientras el capitalismo y la
> autocracia gobiernen al mundo; mientras el poder militarista
> y capitalista no sean guillotinados. Este es el dilema más
> razonable.
>
> ... Cuando los pueblos dejen de ser rebaños, y adquieran la
> condición que los faculte para contener la fiereza del lobo
> que los diezma, entonces podrán ellos implantar su gobierno

---

[84] Ángel Quintero Rivera, *Lucha obrera en Puerto Rico* (San Juan: CEREP, 1972) 77.

y establecer una paz duradera y cantarle a la fe que los ha salvado.

La mansedumbre del cordero ha envalentonado a sus degolladores, chupadores de su sangre.[85]

A pesar de que en las actas no consta que se haya propuesto llegar a algún entendido electoral con otro partido político, es probable que esta posibilidad fuera considerada por algunos delegados porque Rojas planteará en su turno que:

> Si nos asociáramos con los elementos burgueses, en cualquier momento y en cualquier forma, por una inmoderada ansiedad de mejoras inmediatas, no sólo nos confundiríamos con sus odiosas prácticas, sino que también introduciríamos en las huestes que se agrupan hoy esperanzadas y alentadas por una nueva fe, la más funesta desmoralización que no podríamos combatir después que nosotros mismos hubiéramos iniciado ese movimiento desmoralizador.[86]

En la Cuarta Convención se presentarán dos resoluciones para que el Partido Socialista adoptara en su programa la lucha por la independencia de Puerto Rico como un objetivo: la primera presentada por Manuel Rojas, y la otra por el delegado Alfonso

---

[85] Quintero Rivera, *Lucha Obrera*, 82-83.

[86] Quintero Rivera, *Lucha Obrera*, 82.

Torres.[87]La Resolución NUM. 1 presentada por Rojas era la más radical, porque la propuesta de independencia se acompañaba por un programa radical fundamentado en principios socialistas. Se proponía la nacionalización y socialización de la propiedad industrial y de los recursos naturales controlados por ella, el derecho a la vida y el trabajo, que el estado garantizase el abrigo y la alimentación de los niños, y una mayor democracia, entre otros. A este proyecto se le llamaba la *República Socialista Industrial*.[88]

Estas resoluciones provocarán un debate importante durante la Convención. Manuel Rojas asumirá un turno para defender su posición. Para Rojas, los socialistas debían oponerse al coloniaje y respaldar que los pueblos pudieran disfrutar de su soberanía:

> Es muy extraordinario que nosotros nos declaremos en contra de hacer la más clara y radical definición de status político en estos tiempos en que todos los pueblos se manifiestan en favor de su independencia. Todos los partidos socialistas favorecen esta aspiración. El Partido del Trabajo Británico ha solicitado la libertad de la India y la Independencia de Irlanda. Esto mismo ha solicitado el Partido Socialista de América. Rusia o mejor dicho los soviets rusos han declarado pueblos libres e independientes a Lituania y Ukrania. ¿Por

---

[87] Quintero Rivera, *Lucha Obrera*, 84-85.
[88] Quintero Rivera, *Lucha Obrera*, 84-85.

qué hemos nosotros de ser contrarios a definir un Status de independencia como la que proponemos?[89]

Los delegados Julio Aybar y Alfonso Torres también asumieron turnos a favor de esta posición. Otros delegados entendían que el debate debía girar en torno a si el Partido debía o no asumir alguna postura en particular sobre la cuestión del status político, evitando argumentar a favor o en contra de alguna postura en específico. Ante la pregunta planteada por Julio Aybar sobre si era posible resolver los problemas económicos sin cambiar las relaciones políticas con los EE. UU., Iglesias Pantín responde que "Sí, cuando tengamos la mayoría y podamos hacer una legislación apropiada contando con la soberanía del pueblo que apoye lo que hagamos..."[90] Según Santiago Iglesias, el debate sobre el status era un juego político de los "politicians"; él pensaba que

> ...de ningún modo debemos nosotros estar haciendo definiciones políticas, nosotros debemos seguir el ejemplo del representante ruso cuando éste estuvo frente a los poderes de la naciones. Él dijo: no vengo a solicitar derechos políticos, nuestra nación no está organizada bajo ningún Status Político, sino que la hemos organizado

---

[89] Quintero Rivera, *Lucha Obrera*, 87.
[90] Quintero Rivera, *Lucha Obrera*, 87.

económicamente y contamos con la fuerza del trabajo para mantener el nuevo régimen que allí hemos implantado.[91]

Eduardo Conde y Andrés Arúz también se opusieron a que se adoptaran las resoluciones. Alfonso Torres propondrá una enmienda: que se substituyeran las palabras "Status Político" por "Aspiración Ideal" para que se adoptara lo recogido en las resoluciones, y que se eliminara el reclamo de la independencia. La enmienda fue aceptada, y las resoluciones adoptadas por votación.

A partir de 1920 se llevarán a cabo debates importantes sobre la estrategia electoral del Partido que se fundamentarán en visiones diferentes sobre cuáles debían ser sus objetivos principales. Con la excepción del debate de 1924, hemos podido identificar claramente las dos posturas principales que definimos en el análisis de las propuestas de la Cuarta Convención. El análisis de estos debates mostrará que durante este periodo que estudiamos siempre existieron en el PS estas dos visiones, a pesar del predominio de las posturas economicistas.

Poco antes de las elecciones de 1920, comenzaron a circular rumores d la posibilidad de un pacto electoral entre los socialistas de

---

[91] Quintero Rivera, *Lucha Obrera*, 88.

Ponce con el Partido Republicano. El 20 de agosto, en un editorial de *Unión Obrera*, Julio Aybar se expresa en contra de cualquier proyecto de coalición. Según Aybar,

> Todavía suenan en nuestros oídos las frases pronunciadas por el Vice-presidente, Sandalio Alonso, del distrito de Ponce, cuando tratamos en privado esta cuestión. El decía, cómo yo voy a consentir inteligencias con partidos capitalistas para tener que decir hoy que don fulano es bueno cuando no hace diez minutos he mantenido públicamente que es un tirano y un burgués de los de mala sepa.
> El Partido Socialista no puede coaligarse con ninguna colectividad política burguesa, porque el que tal hiciera cometería una traición fundamental...[92]

Para Aybar, cualquier coalición significaba la traición del programa socialista.

Para Florencio Cabello, la propuesta de un entendido electoral con los republicanos en Ponce constituiría una violación al reglamento, lo que significaría que estarían "de facto fuera de nuestra colectividad".[93] Antes de ingresar al PS, Cabello militó dentro del Partido Republicano. Fue parte de la sección de Puerta de Tierra, en donde el afirmaba que los socialistas lo tildaban de "perro con collar de obrero", hasta que decidió afiliarse al Partido

---

[92] "No podemos coaligarnos, juramento que se presta al ingresar al socialismo", *Unión Obrera*, 20 de agosto de 1920.
[93] "Boletín oficial", *Unión Obrera*, 28 de agosto de 1920.

Socialista. Cabello afirmaba que había llegado a la conclusión de que el Partido Republicano representaba los intereses de los burgueses, "verdugos" de los trabajadores y "defensores de las corporaciones explotadoras del país".[94]

El 10 de septiembre de 1920, la Sección Núm. 2 de Puerta de Tierra del Partido Socialista convocó a un "meeting socialista" en defensa del programa socialista. En la convocatoria se refieren a los partidos Unión y Republicano como enemigos del pueblo. Se confirma la asistencia de Santiago Iglesias Pantín, Luis Muñoz Marín, Prudencio Rivera Martínez, Epifanio Fiz Jiménez, y otros.

A principios del mes de septiembre de 1920, las secciones del Partido Socialista de Cayey, Peñuelas, Cataño, Juana Díaz, Guayanilla, Lajas y Yauco le solicitaron al Comité Ejecutivo Territorial (CET) que investigara las alegaciones de la posible coalición electoral de la sección de Ponce con el Partido Republicano. El CET se reunió el 9 de septiembre en Ponce y llegó a la conclusión que los miembros de esta sección no tenían intenciones de llegar a ningún entendido electoral "aun comprendiendo que esa

---

[94] "Boletín oficial", *Unión Obrera*, 28 de agosto de 1920.

coalición presenta un medio práctico para castigar como merecen los que asumen la dirección de los destinos en esta municipalidad".[95] En la proclama del 10 de septiembre del CET, sus miembros declaraban que expulsarían y declararían "traidores a todos los que sean convictos de un acto de traición que se realice emitiendo sus sufragios a favor de otro partido..."[96]

En este momento, el CET estaba dominado por los sectores radicales: su presidente era Julio Aybar, y Manuel F. Rojas su secretario tesorero.

Sin embargo, se ejercía presión por el sector que defendía la posibilidad de llegar a alianzas electorales para gozar de la oportunidad de ganar en los comicios electorales. El 22 de septiembre de 1920, en un editorial de *Unión Obrera* se desmienten los rumores de que Santiago Iglesias Pantín estaba al tanto de las intenciones de la coalición en Ponce, y de que la favorecía. Se afirma que:

---

[95] "Partido Socialista, Comité Ejecutivo Territorial de Puerto Rico, El Partido Socialista no se coaliga", *Unión Obrera*, 13 de septiembre de 1920.
[96] "Partido Socialista, Comité Ejecutivo Territorial de Puerto Rico, El Partido Socialista no se coaliga", *Unión Obrera*, 13 de septiembre de 1920.

La única autoridad de la colectividad socialista es el comité territorial, y éste, reunido en Ponce hizo su declaración franca y enérgica que todos tienen que respetar y lo que es más, todos la están acatando.

Declaramos que es cierto que en varias localidades algunos socialistas se han portado como politicians y haciendo el lado a los republicanos, pero están obrando por su cuenta...[97]

Como respuesta, el 30 de septiembre, Manuel F. Rojas publicó un artículo en el que enumeraba siete razones para no coaligarse con el Partido Republicano. En éstas se presentan los principios socialistas revolucionarios que defendía el Partido que lo destacaban como el único partido que proponía liberar a los obreros de la explotación del capitalismo. Según Rojas, "... sería un hecho criminal, imperdonable el que realizáramos con conciencia, si nos prestáramos a maniobrar con fuerzas opuestas a nuestros intentos, con fuerzas que estiman como legal y justa la organización social tal cual existe." Para Rojas, un triunfo electoral en alianza con un partido que defiende intereses opuestos a los de los trabajadores,

---

[97] "El cuarto partido ha fracasado. El Partido Socialista sigue manteniendo que no se coaliga. A otra puerta", *Unión Obrera*, 22 de septiembre de 1920.

impediría que se pudiera llevar a cabo el programa socialista, lo que defraudaría a la militancia del Partido.[98]

El 6 de octubre de 1920 se reúnen en San Juan los delegados socialistas para su Convención. El delegado de Arecibo, Esteban Padilla, propuso que se llegara a un pacto electoral con el Partido Republicano para las elecciones de ese año. Esta propuesta generó un intenso debate. Los opositores a la propuesta de Padilla se expresaron apasionadamente.

Para Florencio Cabello, quien más tarde se convertirá en uno de los miembros fundadores de Afirmación Socialista, la unión con el PR traería la muerte del PS y de sus ideales.[99]

El delegado de Cayey, José F. Quiles expresó que:

> ...jamás consentiría en unirme con el Partido Republicano. Yo reniego de todo principio imperialista y de todo lo que huela a organización despótica. [...] Porque trabajar con el Partido Republicano sería una deshonra, y si trabajase con el Partido Republicano alcanzaríamos quizás una victoria, hay victorias que deshonran y ésta sería una de ellas. Pero sin

---

[98] "Por que no debe coaligarse el Partido Socialista", *Unión Obrera*, 30 de septiembre de 1920.

[99] Convención del Partido Socialista de 1920, Actas del Partido Socialista, caja 30, carpeta 1, página III, Fondo Documental, Centro de documentación obrera Santiago Iglesias Pantín, Universidad de Puerto Rico en Humacao.

embargo hay victorias que enaltecen. [...] Con los tiranos jamás, con los ideales siempre.[100]

Otros delegados que se opusieron a la propuesta de coalición fueron Antonio Arroyo, delegado de Caguas, y Ramón Barrios, de Bayamón (e incluso Luis Muñoz Marín).

En las Actas de la Convención sólo consta un turno a favor de la propuesta que fue asumido por Bolivar Ochart, quien afirmó que

...sería una gran ayuda a nuestro partido, debíamos aceptarla en beneficio de nuestros principios, pues si así no lo hiciéramos no lograríamos tener representación en el país de ninguna clase ni tampoco en noviembre tendríamos en las mesas quien defendiera nuestros electores al votar.[101]

A pesar de la tenaz oposición al entendido electoral con los republicanos, la presión de las secciones de los pueblos que deseaban alianzas logró tener efecto. Se adoptó una resolución propuesta por Prudencio Rivera Martínez que dejaba sin efecto las secciones de la Constitución que podían impedir esta posible coalición. A pesar de que no se aceptó la propuesta de llegar inmediatamente a un pacto electoral, se dejó la puerta abierta a esta

---

[100] Convención del PS de 1920, IV-VI.
[101] Convención del PS de 1920, VI-VII.

posibilidad como una estrategia de defensa ante los alegados intentos del Partido Unión de eliminar los candidatos socialistas de las papeletas. En la resolución de Rivera Martínez se planteaba que en el caso de que las candidaturas del PS fueran reducidas a menos de 20, los candidatos socialistas debían renunciar y hacer un llamado a darle el voto al Partido Republicano. Se hace la salvedad de que no se trata de una resolución a favor del Partido Republicano, y que si los atropellos de los que eran víctimas los socialistas hubieran sido producidos por los republicanos, entonces se hubiese propuesto lo mismo con los unionistas.

La propuesta que se adoptó dejó la puerta abierta para que los comités locales pudieran llegar a entendidos electorales en sus municipios.[102] Dos secciones locales se aliarán a los republicanos para estas elecciones: Fajardo y Ponce. Los socialistas que favorecían aliarse con el Partido Republicano en Ponce lo hicieron bajo el nombre del Partido Popular de Ponce, pero en Fajardo la alianza se hizo directamente con su sección del PS. En ambos municipios los coaligados ganaron los comicios. En el caso de

---

[102] Nilsa Rivera Colón, *Los pleitos electorales socialistas en Fajardo: 1920 a 1924* (Tesis de Maestría, Universidad de Puerto Rico en Río Piedras, 1981)

Fajardo, ciudad que se conocerá como la "Ciudad Roja", los socialistas se mantuvieron a la cabeza del poder municipal hasta 1944.[103] En total, el Partido Socialista obtuvo un total de 24, 468 votos en 1920, y ganaron en seis municipios: Fajardo, Ceiba, Luquillo, Naguabo, Yabucoa y Culebra.[104]

Como respuesta a este cuadro de situación, el 15 de noviembre Manuel F. Rojas publicó un artículo en *Unión Obrera* en el que presentaba un balance de los resultados del proceso electoral para el PS. Para Rojas, estas elecciones eran importantes porque el Partido había entrado en una nueva etapa, y su fortaleza hacía evidente que sólo existían dos bandos políticos: "los capitalistas y los trabajadores". Afirmaba Rojas que: "Tenemos que ser los Socialistas convencidos de lo que aspiramos y defendemos, porque siendo así no podremos ser seducidos por el brillo de miserables monedas, ni por mezquinas ofertas." Y es por ésto que para Rojas había que hacer énfasis en el desarrollo de la educación política a los militantes del Partido.

---

[103] Nilsa Rivera Colón, *Los pleitos electorales socialistas en Fajardo: 1920 a 1924* (Tesis de Maestría, Universidad de Puerto Rico en Río Piedras, 1981)
[104] Nilsa Rivera Colón, *Los pleitos electorales socialistas en Fajardo: 1920 a 1924* (Tesis de Maestría, Universidad de Puerto Rico en Río Piedras, 1981)

Sin embargo, a pesar de los esfuerzos por evitarlo, en los próximos años ocurre un cambio importante porque el balance de las fuerzas se inclinó hacia el sector que defendía la posibilidad de una alianza electoral. Según las actas del Comité Ejecutivo Territorial, en su sesión del 19 de agosto de 1923, se nombrará una comisión que tendrá como objetivo investigar y proponer posibles entendidos electorales con otros partidos electorales para la campaña eleccionaria de 1924. El comité estará integrado por su presidente, Santiago Iglesias Pantín, y por Prudencio Rivera Martínez, Blas Oliveras y Alfonso Torres, otros miembros del CET que se habían destacado por su postura a favor de esta estrategia electoral.[105] Como veremos, el primer pacto electoral que se planteará será con un sector de los republicanos, quienes defendían la anexión de Puerto

---

[105] Según consta en el acta, esta gestión de nombrar este Comité es producto de una resolución adoptada en la Quinta Convención del Partido Socialista llevada a cabo en Ponce durante los días 29, 30 y 31 de julio de 1923. Sin embargo, no encontré copia de dicha resolución en las actas de la Convención que se conservan en la Colección Santiago Iglesias Pantín, en el Centro de Documentación Obrera de la Universidad de Puerto Rico en Humacao.

Rico con los Estados Unidos. En la Quinta Convención del Partido Socialista que se celebró a finales de agosto de 1923 en el Teatro Broadway de Ponce, Felix Rivera, delegado de Carolina va a presentar una nueva resolución para que el PS adoptara el objetivo de la independencia para la Isla. La adopción de esta resolución le hubiese puesto obstáculos a cualquier pacto electoral con los republicanos. Su propuesta fue derrotada.

El surgimiento de la Alianza en el 1924 será una coyuntura importante que ayudará a culminar el proceso de control ideológico del PS por el grupo reformista. En la Sexta Convención del Partido Socialista, celebrada en el Teatro Municipal de San Juan durante los días 13 y 14 de julio de 1924, y como resultado del trabajo del comité, se presentó una resolución en la que se proponía una alianza electoral con el Partido Republicano. La misma fue aprobada por unanimidad. Incluso Julio Aybar y Manuel Rojas asumieron turnos en defensa de proyecto propuesto. El delegado Aybar afirmará que el "... pacto está hecho de antemano por las huestes del trabajo, y nosotros venimos a sancionarlo por el mandato del pueblo." Estas palabras le ganaron una larga ovación.[106] Según el acta, "Puesto a votación fue aprobado unánimemente puestos de pie tanto los Delegados como el público en general, prorrumpiendo en una delirante ovación que duró más de cinco minutos." [107] El acto concluye, luego, al ritmo y melodía de la Marsellesa. En este momento, la dirección del PS estará compuesta por algunos de los que en debates anteriores se habían inclinado por la política de los entendidos electorales como Santiago Iglesias Pantín, presidente, Prudencio Rivera Martínez, vicepresidente, y Rafael Alonso Torres, secretario auxiliar, quienes se mantendrán en estos puestos directivos hasta finales de la década de 1930.

¿Cómo se puede explicar este cambio de dirección sobre la estrategia electoral del PS? Desde principios de 1924, los republicanos llevaban a cabo gestiones para llegar a un entendido electoral con otro partido. Muy pronto se crea una división dentro del seno del Partido Republicano entre los que desean acercarse al

---

[106] "Gran Convención del Partido Socialista. Asisten 180 representantes al acto. Labor importante", *Unión Obrera*, 15 de julio de 1924.

[107] Comité Ejecutivo Territorial, Actas de la Sexta Convención del Partido Socialista celebrada en el teatro municipal de San Juan los días 13 y 14 de julio de 1924, Centro de Documentación Obrera Santiago Iglesias Pantín, Universidad de Puerto Rico en Humacao, 261-263.

PU, liderados por el presidente del partido, José Tous Soto, y aquellos que prefieren aliarse al PS. En marzo de ese año, se forma una comisión para dilucidar este asunto tan espinoso. La comisión estará integrada por Rafael Martínez Nadal, entre otros, quienes se reunirán con líderes del PS. Tous Soto resentirá el hecho de, según afirmaba, no haber sido invitado a las reuniones con los socialistas, a quienes acusará de "antiamericanos, antinacionalistas, comunistas y anticonstitucionalistas", y decidirá, por su parte, reunirse con el liderato unionista. Este debate y enfrentamiento llevará a la escisión del Partido Republicano, cuando en la asamblea del 4 de mayo en Mayagüez una mayoría de delegados votarán a favor de la Alianza, como será llamado el entendido electoral entre el PU y el PR, en una votación de 130 contra 85. La minoría derrotada, liderada por Rafael Martínez Nadal, decidirá abandonar la asamblea, y se funda un nuevo partido: el Partido Republicano Puro, que luego se llamará Partido Constitucional Histórico. Sobre estos hechos dirá el republicano puro Manuel F. Rossy que "los capitalistas se fueron con los unionistas, pero no las masas."[108]

---

[108] Rivera Colón, 114-137.

Este juicio es compartido por el investigador Edgardo Meléndez para quien el Partido Republicano estaba dividido en dos sectores: el profesional y el burgués.[109] Bajo la dirección de Barbosa, la prioridad del Partido había sido mantener la "paz social" en Puerto Rico. La amenaza principal a la "paz social" era la "lucha de clases".[110] Para este fin, los republicanos tenían dos posibilidades: aliarse con los unionistas en contra de los trabajadores, o con los socialistas. Barbosa apoyará la alianza con estos últimos, señalando que para que sea posible la "paz social" tanto los trabajadores como el capital tenían que hacer concesiones. Los primeros debían abandonar el objetivo de dominar completamente el trabajo, y los últimos abandonar el objetivo del control total de la sociedad. Esta postura es la que justificará los entendidos electorales a nivel municipal al que llegarán los republicanos con los socialistas antes de 1924.[111]

Para Meléndez, el "elemento principal para explicar la formación de la Alianza lo fue la amenaza roja: la consolidación y el

---

[109] Edgardo Meléndez, *Movimiento anexionista en Puerto Rico* (Río Piedras, PR: Editorial de la Universidad de Puerto Rico, 1993), 64.
[110] Meléndez, 62.
[111] Meléndez, 63-64.

crecimiento del Partido Socialista." [112] De hecho, comparado al porcentaje total de votos emitidos, los votos del PS aumentaron de un 14% en 1917 a un 23.7% en el 1920. Un ejemplo anterior de este temor al crecimiento del Partido Socialista lo fue el entendido electoral entre los unionistas y republicanos de Arecibo mencionada anteriormente para derrotar al PS. Según Meléndez:

> La base de la Alianza residió en el acuerdo entre los sectores burgueses de ambos partidos en contra de los socialistas. La alianza con la burguesía republicana fue posible una vez que el sector conservador del Partido Unión, agrupado alrededor de los centralistas azucareros, ganara el control del partido a comienzos de la década de los veinte. La burguesía de ambos partidos formó lo que en la época se conoció como "las fuerzas vivas."[113]

Las Fuerzas Vivas estaban organizadas en torno a tres grupos principales: la Cámara de Comercio, fundada en 1899, la Asociación de Productores de Azúcar, fundada en 1909 y la Asociación de Agricultores, fundada en 1924.[114]

Otro factor que hará posible la Alianza será la eliminación de la alternativa de la independencia del programa del Partido Unión en

---

[112] Meléndez, 65.

[113] Meléndez, 66.

[114] Nilsa Rivera Colón, "Las Fuerzas Vivas", *Conferencias de la Fortaleza* (Oficina de Asuntos Culturales de la Fortaleza, 1984), 2.

1922. Martínez Nadal afirmará que: "Un hombre [Tous Soto] al servicio de las corporaciones de Puerto Rico, le asestó alevosamente la puñalada de muerte, por la espalda, a la estadidad y al Partido Republicano."[115] El objetivo propuesto por la Alianza en cuanto al estatus político era la búsqueda del "self-government", es decir la búsqueda de la mayor autonomía política posible. Por su parte, los republicanos puros proponían como programa mínimo que posibilitara su alianza con el PS la búsqueda de la unión permanente con los Estados Unidos. Para los socialistas, el objetivo de unirse con los puros era doble: la resistencia a la ofensiva de las Fuerzas Vivas, y la posibilidad de obtener puestos electivos que le dieran un control en el gobierno.[116]

Estos objetivos serán resumidos por el socialista Blas Oliveras de la siguiente manera:

> En la unión electoral con uno de los partidos burgueses encontraría Iglesias además, el material técnico necesario que le faltaba para funcionar la máquina administrativa y entrenar a sus hombres antes de tomar solos las riendas del Gobierno.

---

[115] Meléndez, 67.
[116] Meléndez, 68.

Y mantendría dividida a la burguesía impidiendo su consolidación de fuerzas conservadoras.[117]

Según Oliveras, esta alianza con un sector de la burguesía ayudó a impedir que se uniera para estrangular a los trabajadores.[118]

Nos parece que este discurso de temor a la consolidación de una burguesía fuerte en contra de los trabajadores fue clave para explicar el entusiasmo con el que fue acogida la propuesta de llegar a un entendido electoral con los republicanos. Este discurso del miedo será acompañado por una reinterpretación de los postulados revolucionarios del Partido Socialista. Así se desprende de los artículos publicados en la prensa obrera, y sobre todo en *Unión Obrera*, órgano que fungía como una voz importante del PS, durante los meses que precedieron las elecciones de 1924.

En el editorial del 9 de julio de 1924 se compara la derrota de la Alianza con el "derrocamiento de los Czares en Rusia, los lores en Inglaterra y los presidentes y ministros en Francia."[119]

---

[117] Epifanio Fiz Jiménez, *El racket del capitolio (Gobierno de la Coalición Republico-Socialista), Años 1932-1940*, prólogo de Blas Oliveras (San Juan: Editorial Esther, 1944), 11.

[118] Fiz Jiménez, 9.

[119] "Sexta Convención Regular de PSP", *Unión Obrera*, 9 de julio de 1924.

El 15 de julio se publica el informe de Santiago Iglesias Pantín, presidente del PS, en la Convención Socialista. Según Iglesias, la Alianza tenía "propósitos dictatoriales", y sus miembros eran parte del "gobierno invisible" que controlaba Puerto Rico:

> Las instituciones democráticas extendidas a Puerto Rico por el Congreso de los Estados Unidos no han redimido todavía al pueblo trabajador campesino, descalzo, y hambriento física y mentalmente. El gobierno invisible y los partidos que protegieron al amo ilegal de la tierra de las finanzas, y hasta los hombres, impiden esta reforma humana.[120]

Según Iglesias Pantín, la defensa de los trabajadores pasa por la defensa de las "instituciones democráticas americanas en Puerto Rico", en contra de la "tiranía y la opresión del gobierno invisible." Y afirma que la coalición con los republicanos es un asunto urgente para protegerse de todos los "actos ilegales que traten de llevar a cabo los agentes de la Alianza Puertorriqueña." Por su parte, la Coalición republicana socialista se proponía abolir las clases y las castas al reconocer la igualdad de todos los ciudadanos ante la ley.[121] Para el grupo economicista, el pacto electoral no se justifica

---

[120] "Gran Convención del Partido Socialista. Asisten 180 representantes al acto. Labor importante.", *Unión Obrera*, 15 de julio de 1924.
[121] "Gran Convención del Partido Socialista. Asisten 180 representantes al acto. Labor importante.", *Unión Obrera*, 15 de julio de 1924.

solamente como un acto de defensa en contra de la represión de la burguesía representada en la Alianza, si no que implica una redefinición de los postulados socialistas fundamentales del Partido. Este grupo anuncia claramente la renuncia a la lucha por acabar con las estructuras de opresión del capitalismo, a favor de la defensa de derechos republicanos liberales.[122]

El 8 de agosto se publica en Unión Obrera otro editorial que lleva por título "Salvemos a Puerto Rico ¡Alerta, campesinos y obreros! La Alianza subvencionada por el capitalismo intenta robar la elección del pueblo", En éste, se afirma que el Partido Socialista coaligado ayudará a la emancipación de las muchedumbres del país. Se afirma que el Partido Socialista se apresta a llevar a cabo una "revolución pacífica": "Hablar de revolución violenta cuando podéis realizar la prueba de una Revolución Pacífica y legal, es inútil."[123] Se

---

[122] En este sentido, la definición del socialismo defendido por Iglesias Pantín se acercaba mucho al discurso *socialista* y a la defensa de la americanización de Rosendo Matienzo Cintrón a principios del siglo XX. Ver Rafael Bernabe,"Hostos y Matienzo: primer momento de la crítica del colonialismo norteamericano en Puerto Rico", *Respuestas al colonialismo*.

[123] *Unión Obrera*, 8 de agosto de 1924.

implantaría la "dictadura del proletariado" a través de tal revolución.[124]

El cambio que se produce en 1924 no es sólo discursivo, si no que se aprueban enmiendas importantes al Programa del Partido. El Programa adoptado en 1919 (que variaba muy poco del Programa original votado en 1915) evitaba comprometer el Partido con ninguna opción de status en particular porque se defendía la idea de que la lucha por la definición de la relación política de Puerto Rico con los Estados Unidos era parte del juego de los partidos burgueses para manipular a los trabajadores y apartarlos de la reflexión sobre los problemas reales de la Isla, que eran de carácter económico.[125] Se leía en el programa:

> El Partido Socialista afirma que el status político de Puerto Rico estará perfectamente definido cuando una legislación aprobada en el país establezca la Democracia Social del Trabajo.
> Denuncia como una gran mentira [...] la afirmación de los "Partidos capitalistas insulares" que dicen que la "suprema libertad del país" es luchar por la autonomía, independencia o la "declaración de Estado".
> [...]
> Haremos comprender por medio de memoriales legislativos y representaciones eficaces del país, al Congreso de los

---

[124] *La Democracia*, 29 de abril de 1924
[125] Pagán, *Historia*, 81.

Estados Unidos, que la petición de algunas franquicias de carácter político, bajo el pretexto o título de la autonomía, estado o independencia, no representa en teoría otra finalidad que el poder efímero en manos de una clase privilegiada de politicians y monopolistas del país, protegidos por la plutocracia.

Denunciaremos a los partidos capitalistas y a sus leaders como principales cómplices de este gran crimen económico que se mantiene en Puerto Rico.[126]

En 1924 el nuevo Programa aprobado en la Sexta Convención del Partido Socialista contiene una nueva visión sobre la relación política entre Puerto Rico y los Estados Unidos:

El Partido Socialista declara, que la continua influencia del pueblo de los Estados Unidos en los destinos del pueblo de Puerto Rico, ha sido y es civilizadora.

[...]

por tanto, favorecemos la unión y solidaridad permanente e indivisible del pueblo puertorriqueño con el pueblo americano.[127]

En este programa se eliminaron las partes que "denunciaban" a los partidos capitalistas y a sus dirigentes como cómplices de la explotación de los trabajadores. Los cambios al Programa se hacen luego de que se comenzaran las conversaciones en marzo de 1924 con el Partido Republicano con miras a llegar a un entendido

---

[126] Citado en Rivera Colón, *Los pleitos electorales*, 110.

[127] *Programa del Partido Socialista (1924)*, 5-8, 12.

electoral. Se eliminan aquellos artículos que podrían haber sido un impedimento para tal alianza.

En mayo de 1926, en su discurso durante el Congreso Obrero Extraordinario de la FLT celebrado en San Juan, Santiago Iglesias Pantín definía la visión y misión política del PS de la siguiente manera:

> Como es sabido, los trabajadores y el pueblo en general de Puerto Rico siempre han estado prestos a entusiasmarse en las luchas políticas. Por muchas razones era más fácil hacer un campesino y obrero, un entusiasta político con título de "socialista", que un activo trade-unionista y federado libre militante. Económica, mental y espiritualmente, los trabajadores cooperan con menos dificultades a la forma política y protestante contra las opresiones, que cuando una acción semejante tiene que realizarse por medio de organizaciones industriales y huelgas redentoras, frente a patronos despiadados y corporaciones explotadoras del trabajo y del país.
> [...]
> El Partido Socialista... no es marxista, ni comunista, si no de programa puertorriqueño.[128]

Se trata de una redefinición de los objetivos vitales del PS, así como de una revisión de su pasado histórico más conveniente al sector economicista que ya se había afianzado en la dirección. Desde principios de la década de los 20, un pequeño grupo de líderes de

---

[128] Córdova, *Santiago Iglesias Pantín*, 97.

este sector, encabezados por Santiago Iglesias Pantín, Prudencio Rivera Martínez y Rafael Alonso Torres, permanecerán en los puestos claves de dirección del Partido. El sector que llamamos economicista se caracterizó por defender desde la fundación del PS las alianzas políticas con los partidos burgueses, dándole una gran importancia a las victorias electorales, y que a su vez tendían a favorecer un mayor acercamiento político a los Estados Unidos. El temor provocado por las supuestas intenciones de los unionistas de querer aprovecharse del control que tenían de las instituciones coloniales para destruir el PS será clave para justificar la adopción de esta estrategia electoral a nivel nacional. Este temor se había ido construyendo desde principios del siglo, junto con la visión que definía al PU como los enemigos principales de los trabajadores. Por ejemplo, en un documento de propaganda de la FLT publicado en 1913 se afirmaba que el Partido Unión estaba "dominado por una oligarquía, y procuraba levantar obstáculos en el camino del progreso y bienestar del pueblo en general, en nombre de la independencia del país.". Según el documento, los líderes unionistas se comportaban como aristócratas, y se creían "superhombres con derechos divinos".[129] El 8 y el 10 de noviembre de 1924, luego de las elecciones generales, se publicaron varios editoriales en los que se le acusa a la Alianza de haberse robado las elecciones comprando votos y amenazando de cárcel o de quitarle las casas y cosechas a los votantes.

Sin embargo, estos cambios al Programa requirieron un esfuerzo de reeducación de la base militante. Desde el mes de agosto de 1924, el PS organizó la Cruzada Cívica de la Victoria, que consistía en la movilización de delegados y militantes socialistas por toda la Isla para llevar a cabo su campaña de propaganda electoral. El CET nombró oradores permanentes, quienes recibían un salario de tres dólares al día por su trabajo político. Entre estos se encontraban algunos de los que se habían expresado categóricamente en contra de cualquier entendido electoral con un partido burgués como José F. Quiles de Cayey, y los futuros líderes de Afirmación Socialista Florencio Cabello y Tadeo Rodríguez.[130]

---

[129] Citado en Félix Córdova, *Ante la frontera del* Infierno, 62.
[130] *Actas del Comité Ejecutivo Territorial*, 25 de septiembre de 1924.

Las elecciones se llevaron a cabo el 4 de noviembre, y la Alianza salió victoriosa con 163,000 votos (132,000 del Partido Unión y 30,000 del Partido Republicano) contra 90,673 de la Coalición (56,103 del Partido Socialista y 34,576 del Constitucional Histórico). [131] La Coalición eligió a dos senadores y tres representantes y ganó la alcaldía en 5 municipios. [132]

En el 1927, la legislatura aprueba una enmienda a la Ley Electoral para prohibir que se pudiera votar por candidatos comunes de dos partidos políticos distintos. La intención de la medida era obstaculizar la estrategia de pacto electoral de la Coalición. [133] Se planteará entonces la posibilidad de hacer una fusión temporal entre los socialistas y los republicanos puros para poder ir juntos a la contienda electoral. Esta propuesta reanimó una vez más el debate sobre las alianzas electorales y sus defensores propondrán las mismas justificaciones que habían sido planteadas en los años anteriores. Se identifica nuevamente la Alianza como el enemigo principal contra el cual se justificaría mantener y fortalecer la unión

---

[131] Ver anejo.

[132] Fernando Bayrón Toro, *Elecciones y Partidos Políticos de Puerto Rico 1809-2000* (Mayagüez, PR: Editorial Isla, 2003), 163.

[133] Pagán, 310-311.

electoral que se había adoptado en las elecciones anteriores. El 27 de mayo de 1928, durante su Convención, el Partido Republicano Puro adoptó una resolución a favor de una "fusión temporal" del Partido con los socialistas. Pocos días luego, Santiago Iglesias hizo expresiones a favor: "Por virtud del mismo, entendemos que el propósito real del mismo es conquistar el poder para 'certificar' un cambio fundamental en las condiciones deplorables actuales, económicas, sociales, industriales y políticas de Puerto Rico, las cuales han estado bajo el dominio de un solo partido durante 20 años."[134]

El Partido Socialista se reunió en Arecibo en su Convención durante el mes de junio, en la que se creó un Comité sobre el Pacto Electoral para estudiar la propuesta. Julio Aybar se integró al Comité. El informe del Comité provocó un debate de 5 horas sobre el tipo de pacto que se proponían firmar. Ante la falta de consenso, se propone que se llevará el asunto a una Convención extraordinaria. A pesar de que el liderato del Partido favorecía la fusión, enfrentó dificultades para hacer adoptar la medida.

---

[134] Bayrón Toro, 163.

Luego de la Convención, se hicieron denuncias públicas sobre la intención del liderato del Partido de manipular el proceso para favorecer su posición. Martín Fernández, presidente de la Sección de Puerta de Tierra, en la que militaban 200 miembros, afirmaba que la convocatoria para la Convención extraordinaria del 4 de julio era "exclusivamente para legalizar y ratificar lo que se ha hecho sin que podamos decir los que pensamos lo contrario: 'Esta boca es mía'. Más claro: Váyanse del Partido los que se sienten libres y no soportan las imposiciones."[135] Fernández se oponía a la fusión, aunque favorecía que se llegara a otro tipo de acuerdo electoral.

La posible fusión generó temor sobre las consecuencias negativas sobre el Programa Político del Partido Socialista. Durante la Convención Extraordinaria, en el Ateneo Puertorriqueño, Julio Aybar manifestó su oposición a la fusión fundamentándose en dichos temores. Afirmaba Aybar:

> No creo en los triunfos electorales, si para conquistar hoy hay que renegar la historia y norma de conducta que caracterizó sus luchas.
> [...]

---

[135] "Dictadura socialista", *Unión Obrera*, 30 de junio de 1928.

> …creo en los partidos que mantienen íntegros sus doctrinas sin importarle los sacrificios y las vicisitudes de las derrotas ni las dulzuras o prebendas de la victoria.
>
> […]
>
> No debemos lanzarnos a conquistar puestos si no a atacar el mal en su raíz, el mal que padecemos por culpa de los que han escalado el poder.
>
> […]
>
> Vamos ahora a fusionarnos, a desaparecer como partido, porque tenemos fija nuestra vista en el monstruo de la 'Alianza' olvidándonos de un monstruo más terrible aún, el monstruo de las corporaciones.[136]

A pesar de la oposición, los delegados aprobaron las bases de la fusión. El nuevo partido llevaría por nombre Socialista Constitucional. Según el editorial de *Unión Obrera* del 7 de julio de 1928, el criterio que prevaleció fue el de que era necesario hacer cualquier cosa para ganar las elecciones de ese año. Es decir, que se justifica la fusión con un partido burgués, a pesar de las consecuencias que podría tener sobre los objetivos programáticos del Partido, por la posibilidad de ganar unas elecciones. La Convención Extraordinaria culminó con 2 discursos, uno pronunciado por Santiago Iglesias Pantín como presidente del Partido Socialista, y

---

[136] "Se determina matar esta colectividad provisionalmente y fundar otro partido", *Unión Obrera*, 7 de julio de 1928.

otro a cargo de Martínez Nadal a nombre del Congreso Republicano, cuyos miembros esperaban afuera que les dieran la señal para integrarse a la Convención. El hecho de que a la Convención en la que se votaría sobre el tipo de pacto que se deseaba firmar se hubiese invitado a los delegados republicanos sugiere que por lo menos ya se sospechaba que la votación favorecería la oferta de éstos últimos.

Poco antes de las elecciones, el Tribunal Supremo emitió una opinión en la que se expresaba a favor de la posibilidad de que dos partidos pudieran proponer candidatos en común. Así que, a pesar de la aprobación de la propuesta de fusión temporal, los socialistas y los republicanos puros se mantendrán separados en dos partidos.[137]

En estas elecciones la Alianza obtiene 132,826 votos, y la Coalición 123,415; se eligieron ocho senadores, 18 representantes y se ganaron las alcaldías en 30 municipios. La Coalición salió triunfante en los distritos senatoriales de Arecibo, Ponce y Humacao.[138]

---

[137] Pagán, 310-311.
[138] Bayrón Toro, 168.

El último debate que estudiaremos es el que ocurrió poco antes de la elecciones de 1932. El detonante en esta ocasión fue el realineamiento de las fuerzas políticas en la Isla, sobre todo en lo que concernía la unión entre los republicanos.

En el 1929, un grupo de unionistas, encabezados por Antonio Barceló, decidieron disolver sus vínculos con la Alianza. De esta escisión nació el Partido Liberal, compuesto en su mayoría de los antiguos militantes del Partido Unión. La otra parte de la Alianza se reagrupó en el Partido Unión Republicana, al que se le unieron luego los militantes del Partido Republicano Puro. Este Partido reagrupó tanto profesionales como propietarios, colonos y terratenientes.

En 1932, se discutió sobre la posibilidad de renovar el pacto electoral, pero ahora con este nuevo Partido en el que militaban los antiguos enemigos de la Alianza. Esto le planteó una nueva dificultad a los propulsores del pacto para justificar llegar a un entendido electoral con aquellos que habían sido duramente criticados en el pasado, los que habían justificado que se adoptaran los pactos anteriores. Este debate dejará en evidencia el malestar que existía en torno al fracaso de la agenda de reformas legislativas como consecuencia de la oposición de los republicanos a muchos de los proyectos de ley propuestos por los legisladores socialistas.

El 7 de junio de 1932, en un artículo publicado en *Unión Obrera* y firmado por G. Seelit Moura, se proponían 9 razones para oponerse a un posible pacto electoral durante la Convención Socialista que se avecinaba. En el artículo se establecía la diferencia entre las coaliciones del pasado con grupos "menos reaccionarios" y una nueva alianza con un grupo que representaba a la burguesía. Esta nueva coalición crearía confusión y no le convenía al Partido. El único beneficio que traería sería el de una victoria electoral, lo que no sería un beneficio para los trabajadores. Además, según el artículo, las coaliciones del pasado fueron un fracaso. En el artículo se afirmaba que había que oponerse porque "en ninguna parte del mundo los partidos verdaderamente socialistas se [unen] en campañas políticas con la burguesía."[139]

Algunas secciones del Partido Socialista aprobaron resoluciones para oponerse al nuevo pacto electoral propuesto. La

---

[139] "Coalición, nueve poderosas razones por las cuales no debe el Gran Partido Socialista ir a una Coalición con la Unión Republicana", *Unión Obrera*, 7 de junio de 1932.

Sección de Cataño eligió 5 delegados a la Convención Socialista y los instruyeron a "que se opongan y voten en contra de cualquier propuesta de entendido, pacto o coalición con partidos de la burguesía."[140] De acuerdo a la resolución aprobada por la Sección de Toa Alta, la burguesía puertorriqueña se dividía en 3 grupos: "liberal, unión republicana y nacionalistas." Cualquier entendido con ellos equivaldría a la "capitulación de nuestros principios a tan alto costo santificados con la sangre de nuestros mártires y humillados por los burgueses de cuello blanco". Los miembros de esta Sección enumeraban los proyectos socialistas a los que los republicanos se habían opuesto, entre los que figuraban el sufragio universal y el Proyecto de Indemnizaciones a Obreros. Concluían que la coalición "sería como la unión de lobos y corderos, cosa jamás vista desde que tal se hizo en el Arca de Noé."[141]

El presidente del Partido, Santiago Iglesias Pantín, asumió por su parte la defensa del posible pacto electoral con el Partido Unión Republicana. Para Iglesias, los enemigos de los trabajadores

---

[140] "Cataño en contra de la Coalición. Delegados cuestionados", *Unión Obrera*, 11 de junio de 1932.
[141] "En contra de la Coalición", *Unión Obrera*, 21 de julio de 1932.

eran la Fuerzas Vivas, quienes controlaban el país a través de un "gobierno invisible". Estas Fuerzas habían tomado el control de las instituciones democráticas que el Congreso de los Estados Unido había "extendido" a Puerto Rico, y las habían corrompido. Era necesario que la Coalición se transformara en el "partido del pueblo" que, a través de un triunfo electoral masivo, adquiriera el poder de restituir estas instituciones para completar la agenda de reconstrucción económica, política y social de Puerto Rico. Para Iglesias, el dilema se resumía en "votar con las Fuerzas Vivas reaccionarias o votar con la Coalición."[142]

Santiago Iglesias sigue sirviéndose del discurso del miedo que justificará la adopción de medidas contrarias a los objetivos políticos planteados originalmente por el Partido Socialista para garantizar victorias electorales. Ahora, la contradicción se vuelve más evidente porque la nueva coalición se lleva a cabo con un sector que era parte del sector político que justificó las alianzas electorales del pasado. Según la visión de Iglesias, el enemigo es cada vez más temible porque se trata de un "gobierno invisible", es decir, el

---

[142] "El dilema es votar con las fuerzas vivas reaccionarias o votar con la Coalición dice el senador Santiago Iglesias", *Unión Obrera*, 20 de septiembre de 1932.

control indirecto del gobierno colonial por la burguesía puertorriqueña reagrupada en las Fuerzas Vivas. Sin embargo, se le hace difícil justificar que los sectores "más reaccionarios" de la burguesía puertorriqueña, aquellos que componían las Fuerzas Vivas, se encontraban ampliamente representados en el Partido Unión de Puerto Rico.

En el 1932, el PS participó en las elecciones en unión electoral con el Partido Unión Republicano en lo que se le llamó la Coalición, y obtuvieron un total de 208, 232 votos (110, 794 de PUR, y 97, 438 del PS). A pesar de que el Partido Liberal fue el más favorecido por los electores con 170, 168 votos, fue derrotado por la Coalición. La Unión Republicana Socialista ganó en seis de los siete distritos senatoriales eligiendo a 14 senadores, y en 28 de los 35 distritos representativos eligiendo a 30 representantes; también gana las alcaldías de 51 municipios, y elige a Santiago Iglesias Pantín como el Comisionado Residente de Puerto Rico.[143]

El triunfo electoral de los socialistas no acabó con el debate. Su participación en la administración del gobierno colonial pareció

---

[143] Fernando Bayrón Toro, 177.

confirmar los temores de los que se oponían a la Coalición con los partidos burgueses al sacrificarse propuestas del programa socialista para proteger esta alianza con un sector más conservador. Por ejemplo, la Sección Socialista de Toa Alta aprobó otra resolución en junio de 1932 en la que exponían que una de las razones para oponerse a la alianza electoral con los republicanos era que en el pasado éstos se habían opuesto a proyectos de ley presentados por los socialistas como el de las Indemnizaciones a Obreros, el del Sufragio Universal, o de otros que atendían temas como el del latifundismo en Puerto Rico.[144]

Las reacciones de la disidencia se hicieron más visibles en este momento. Algunos autores han reflexionado sobre estas críticas. Según Clarence Senior el debate era uno de carácter generacional porque se producía entre los "más jóvenes y fervorosos afiliados" quienes estimaban que "el viejo liderato estaba haciendo demasiados compromisos con los principios básicos del socialismo."[145] Para Senior, la Coalición fue exitosa en lograr adoptar muchas leyes que beneficiaban a los trabajadores como la jornada de ocho horas, la ley

---

[144] "En contra de la Coalición", Unión Obrera, 21 de julio de 1932.
[145] Senior, 69.

del Fondo del Seguro del Estado, el establecimiento de pensiones para viudas y para empleados del gobierno, y leyes que prohibían cierto tipo de trabajo a domicilio, entre otras. También le atribuye la creación del Departamento del Trabajo que benefició a los trabajadores, y como ejemplo propone la firma del primer convenio nacional de los trabajadores de la caña en 1934.[146] Para este autor, las críticas principales giraban en torno al aparente "engavetamiento" de algunos de los postulados básicos del Programa del Partido Socialista, como lo era la puesta en vigor de la Ley de los 500 acres.

Nos parece desacertado el análisis de Clarence Senior por varias razones. En primer lugar, a pesar de que no descartamos que la edad de los militantes pudiera haber sido un elemento a tomar en cuenta para el análisis de las posturas asumidas, las voces principales de oposición que han quedado registradas provienen de militantes destacados desde la fundación misma del Partido, como Julio Aybar, Tadeo Rodríguez, Florencio Cabello, entre otros. Un ejemplo de las

---

[146] Senior, 69-70.

críticas de este sector es el del ex senador socialista Epifanio Fiz Jiménez.

En 1944, Fiz Jiménez publicó un libro en el que denunciaba la corrupción de la que él había sido supuestamente testigo durante la década de 1930 como senador, y cuyas denuncias aparentemente le costaron la expulsión del PS.[147] Según Fiz Jiménez, fueron varios los proyectos de ley presentado por los socialistas a los que se opusieron los republicanos.[148] El temor a que se rompiera la alianza electoral llevó a los socialistas a tolerar las diferencias con los republicanos a pesar de las consecuencias que podían tener en cuanto a la implementación de su programa, o de la defensa de sus espacios de poder administrativo.[149] Fiz Jiménez presenta como ejemplo lo que ocurrió luego de la muerte de Rafael Alonso Torres, quien presidía la comisión de Hacienda de la Cámara como parte de la repartición de puestos que se había acordado en el pacto electoral.

---

[147] Epifanio Fiz Jiménez, *El racket del Capitolio (Gobierno de la Coalición Republico-Socialista) Años 1932-1940* (San Juan: Editorial Esther, 1944)
[148] Fiz Jiménez, 92-93.
[149] Blanca Silvestrini, *Los trabajadores puertorriqueños y el Partido Socialista (1932-1940)* (Río Piedras, PR: Editorial Universitaria, 1979)

Martínez Nadal les quitó esta presidencia a los socialistas, quienes

aceptaron este cambio para no poner en peligro la Coalición.[150]

Por otra parte, Clarence Senior presume el carácter

conservador del Partido Socialista sin profundizar sobre las raíces

del debate. El origen de la pugna ideológica que se desata durante

todos esos años tiene que ver con la visión de la razón de ser de un

proyecto socialista en el Puerto Rico de la época. En su fundación, el

Partido Socialista, a pesar de sus contradicciones, se levantaba sobre

unas bases de carácter radical: su objetivo primordial era el fin de la

explotación del capitalismo a través de reformas. La renuncia a estos

objetivos y la substitución de los principios socialistas por los del

capitalismo liberal americano, se dará en el transcurso de la década

del 1920. Una de las causas de este movimiento hacia la derecha

podría ser el proceso de burocratización que se va desarrollando

desde principios del siglo y que se alimenta de la visión del *business

unionism* de la AFL. El estilo de vida del pequeño grupo de líderes

socialistas que se mantendrá en los puestos directivos de la FLT y

del PS hasta la década de 1930 dependerá del mantenimiento del

---

[150] Fiz Jiménez, 55.

status quo. La lucha política y sindical que ellos protagonizarán dentro de los límites del colonialismo norteamericano en Puerto Rico les será rentable. Su liderato se validará con los triunfos electorales, los que ahora se vuelven sus objetivos principales de lucha.

Diferimos también de la visión propuesta por Senior sobre los frutos positivos para los intereses de los trabajadores de la intervención del Departamento del Trabajo. La intervención del Comisionado del Trabajo Prudencio Rivera Martínez para zanjar los conflictos obrero-patronales a nombre de los trabajadores fue una consecuencia lógica del proceso de burocratización de la toma de decisiones que se daba en la FLT. Como parte de la influencia del *business unionism* de la AFL sobre la Federación Libre, el liderato federado había establecido que el arbitraje era la forma superior de resolver los conflictos vinculados al trabajo, en contraposición con las huelgas. La decisión final sobre la manera como se resolvían los conflictos la tenía el liderato central de la Federación, y no los liderators regionales. Esta centralización de las decisiones sobre las acciones obreras en momentos de conflicto laboral creó debates entre el liderato nacional de la Federación, y el liderato regional, quien tendía a favorecer las huelgas.[151] La imposición del Convenio Colectivo del 5 de enero de 1934, negociado por Rivera Martínez para a todos los trabajadores de la caña en Puerto Rico provocó una de las huelgas más importantes de la década de 1930 en la Isla. Esta huelga que fue dirigida no tan sólo a los patronos, si no al mismo liderato socialista que era parte del gobierno. Este proceso huelgario tendrá una importancia tal que, según Ángel Silén, marcará "el inicio de la crisis política de los partidos tradicionales", y será el comienzo de la "decadencia histórica" del Partido Socialista.[152]

El temor a las consecuencias de la desintegración de la Coalición creó un ambiente de represión contra la disidencia. Irónicamente, muchos militantes socialistas radicales fueron enjuiciados políticamente y expulsados del partido por el delito de "traición" a los ideales socialistas del Partido; entre estos se encontraron Julio Aybar, José Ferer y Ferrer,[153] y todo el liderato de la tendencia Afirmación Socialista.

---

[151] Silvestrini, 23.
[152] Silén, 87.
[153] Fiz Jiménez, 27.

Podemos concluir que el Partido Socialista experimentó, a partir de su fundación, un crecimiento constante que se reflejó en la cantidad de votos recibidos en las contiendas electorales en las que participó. Este crecimiento fue producto de las estrategias exitosas para atraer a los obreros agrícolas, sobre todo del sector de la caña de azúcar. En un principio, el fundamento ideológico sobre el que se asentó la razón de ser del PS fue radical, alimentado por las ideas revolucionarias de escritores socialistas, marxistas y anarquistas, y por los eventos de la Revolución Rusa. Este primer discurso que alentó la organización del PS contenía elementos radicales, sus bases eran la lucha de clases y la necesidad de reformar la sociedad capitalista para acabar con la explotación.

Sin embargo, las ideas políticas de la dirección del Partido no eran homogéneas. Un sector del liderato había ido desarrollando una visión economicista, producto de sus experiencias en la lucha sindical que se había dado desde la invasión de Puerto Rico por los Estados Unidos hasta la fundación del PS, influenciadas grandemente por la visión sindical de la AFL. Las ideas de los reformistas economicistas giraban en torno a dos polos principales: la unión política de Puerto Rico con los Estados Unidos, y la búsqueda y defensa de reformas democráticas inspiradas en el gobierno republicano estadounidense. Mientras se demonizaba el pasado colonial anterior al 1898, y a sus supuestos representantes contemporáneos, se idealizaban las nuevas relaciones coloniales con los Estados Unidos. Esta idealización de las ideas y de los valores políticos que representaban los Estados Unidos la compartieron todos los sectores de la política puertorriqueña luego de la Invasión.[154] En el siglo XIX, el gobierno estadounidense era un modelo de la democracia a la que se podía aspirar a través de una revolución liberal. A su vez, la prosperidad de la economía norteamericana ayudaba a ocultar las contradicciones de su desarrollo político, en cuanto a los sectores oprimidos o excluidos como por ejemplo los amerindios o los negros. La ocupación militar de Puerto Rico en el 1898 levantó esperanzas sobre la posibilidad de que Puerto Rico se beneficiara de este desarrollo. La primera reacción política fue hacia la búsqueda de la anexión, objetivo que compartían los primeros partidos que se fundaron luego de la invasión, así como la Federación Regional de Trabajadores.

---

[154] Bernabe,

Las ideas anexionistas se fundamentaban en la visión de los Estados Unidos como una federación de estados-nación a la que se podría integrar la sociedad puertorriqueña porque, a pesar de las diferencias culturales, compartían el hecho de ser civilizados y cristianos. La comprensión de la falsedad de estos fundamentos desilusionó un sector importante de la elite criolla, que se fue alineando hacia posturas autonomistas. El discurso político liberal que se fundamentaba en los postulados que justificaron la Revolución Francesa fue atractivo a los trabajadores en Puerto Rico; junto a la bandera roja del socialismo, se entonaba la Marsellesa para acompañar los actos oficiales. Luego de la Invasión, la imposición de nuevos derechos que, aunque limitados, le permitían unos nuevos espacios a la lucha sindical ayudó a que se siguiera alimentando una imagen idealizada de las instituciones estadounidenses en la Isla, y su desvinculación con el tipo de desarrollo y explotación económica que sufrían los trabajadores en Puerto Rico.

La posibilidad de victorias electorales a corto plazo fortaleció las posturas ideológicas más conservadoras de la dirección del Partido. El liderato conservador supo proponer las alianzas electorales con los partidos burgueses sacándole provecho a la opresión de la que participaba el gobierno en contra de los trabajadores, y creando un discurso del miedo que justificaba cualquier acción política de este tipo. El discurso de la supuesta existencia de un *gobierno invisible* que dirigía la explotación de los trabajadores justificaba la adopción de estrategias electorales opuestas a los fundamentos teóricos iniciales del Partido. Lo que ocurrió fue la sustitución de los objetivos primordiales, sacrificados ante la posibilidad de victorias electorales. Así se justifica el acuerdo electoral con los sectores más conservadores de la burguesía criolla que se reorganizan en el Partido Unión Republicana. Este cambio no fue fácil ni totalmente aceptado por todos los militantes: hubo constantemente un discurso disidente defendido por el liderato más radical, quien se oponía a las alianzas electorales para las que había que sacrificar la razón de ser original de la colectividad. A pesar de que durante la década de 1920 hubo un espacio para la disidencia, el Partido se vuelve cada vez más intolerante a las posturas que condenan su estrategia electoral, y a toda crítica que pudieran poner en peligro la alianza con los republicanos, y la posibilidad de mantener su presencia en el gobierno. Ganar las elecciones se convierte en un fin en sí ante el cual se justifica sacrificar cualquier

otro objetivo.

Capítulo III: La Huelga de la Caña y el surgimiento de Afirmación socialista

En diciembre de 1933 se produjeron varias huelgas de los trabajadores de la caña de azúcar con el objetivo de lograr un aumento salarial y una reducción de las horas de trabajo. Se creó un comité en el que estaban representados los patronos de varias centrales azucareras, y en el que el Comisionado del Trabajo representaba a los trabajadores. El comité firmó el primer convenio colectivo que cobijaba a todos los trabajadores de esta industria en la Isla. Sin embargo, el convenio no satisfizo las expectativas de los trabajadores, y su firma provocó una nueva ola de huelgas durante el mes de enero de 1934. Estas huelgas serán las primeras que se desarrollarán no sólo en contra del patrono, sino también de la dirección de la FLT y del PS. Este malestar en contra del liderato obrero será aprovechado por la disidencia para impulsar su proyecto de reformas al Partido Socialista. En este capítulo presentaremos un recuento del proceso huelgario de diciembre de 1933 y enero de 1934 en la industria del azúcar para entender mejor esta importante coyuntura.

El 15 de diciembre de 1933, Prudencio Rivera Martínez, socialista que ocupaba el puesto de Comisionado del Trabajo, dirigió, a nombre del gobernador interino, Benjamín J. Horton, una reunión en donde se encontraban representados el patrono de la industria azucarera y la Federación Libre de Trabajadores[155]. En esta reunión se nombró el comité que sería responsable de llegar a los acuerdos que tomaron forma en el muy polémico convenio firmado el 5 de enero de 1934. Tan pronto como el 6 de enero comenzaron las manifestaciones de los trabajadores de la caña en contra de dicho acuerdo[156]. Los obreros denunciaban que el convenio les eliminaba beneficios, les imponía salarios más bajos y más horas de trabajo.

Rafael Alonso Torres, presidente interino del Partido Socialista, compartía la opinión de Ramón Aboy Benítez, presidente de la Asociación de Productores de Azúcar de Puerto Rico, de que los trabajadores rechazaban el Convenio porque no lo entendían[157]. Para Aboy Martínez, el patrono de la caña había hecho todas las concesiones de las que era capaz en un momento difícil para la

---

[155] *El Imparcial*, 16 de diciembre de 1933.

[156] Taller de Formación Política, *¡Huelga en la caña! 1933-34* (Río Piedras, Ediciones Huracán, 1982,) p. 79.

[157] *El Mundo*, 9 de enero de 1934.

industria del azúcar. El 8 de enero de 1934, como consecuencia de las huelgas, se vuelven a reunir algunos de los miembros del comité que había firmado el Convenio. Según el periódico *El Mundo*, "[e]l criterio existente en la reunión era que el convenio no podía ser enmendado, sino aclarado."[158]

Pero las manifestaciones continuaron y la huelga de la caña, que había ya empezado a principios de diciembre en el oeste de la isla[159], se propagó. Los trabajadores de la caña rechazaron el Convenio y más tarde incluso rechazaron a sus líderes.

El 9 de enero de 1934 Alonso Torres afirmaba que "no se puede evitar que ciertos elementos perturbadores traten de injetar [sic] problemas y asuntos que en nada tienen que ver propiamente con la cuestión de salarios y condiciones de trabajo, de hacerme parte de sus inquinas y de crear un estado de perturbación pública."[160] Alonso Torres se refería a una oposición organizada dentro del Partido Socialista (PS). Este grupo, que se llamó Afirmación Socialista (AS), dirigió unos esfuerzos en contra de la

---

[158] *El Mundo*, 9 de enero de 1934.
[159] Taller, 41.
[160] Taller, 41.

dirección del Partido, y por cambiar la línea política imperante. Los miembros de AS fueron expulsados del Partido Socialista, pero esto no impidió que prosiguieran su campaña de reformas. Luego de fracasar en sus intentos de reintegrarse al PS, AS se reorganizó como un partido electoral para participar en las elecciones de 1936.

Afirmación Socialista constituyó la materialización de los reclamos de reforma del sector más radical del PS, grupo que veía su espacio de disidencia cada vez más reducido luego del sacrificio de los ideales socialistas originales del Partido por los intereses personales de un liderato burocratizado para quien la prioridad se volvió ganar las elecciones.

La industria de la caña de azúcar en Puerto Rico

Para el 1930, el 60% de la industria del azúcar en Puerto Rico, sector de producción principal del país, estaba dominado por corporaciones ausentistas norteamericanas. Cuatro grandes corporaciones de los Estados Unidos controlaban el 50% del azúcar producido en Puerto Rico, a través de la operación de 11 centrales en la Isla. Éstas eran: La South Puerto Rico Sugar Company, que operaba la Central Guánica, la más grande de Puerto Rico; la

Compañía Azucarera Central Aguirre; la Fajardo Sugar Company of Puerto Rico; y la Puerto Rico Sugar Company, que poseía tierras en el área central y oriental de las isla grande, así como en Vieques.[161]

A pesar de la existencia de la ley que limitaba la tierra poseída por estas corporaciones a 500 acres, las tierras poseídas y las controladas[162] por estas empresas se contaban en los miles de acres. Así por ejemplo, la South Porto Rico poseía en el 1929 17,636 acres de tierras, pero llegaba a controlar unos 49,635 acres. En total, las tierras controladas por estas cuatro compañías sumaban los 170, 675 acres para esta fecha.[163] Dietz calcula que las "cantidades poseídas representaban entre 35 y 58 veces el límite legal de 500 acres, y las cantidades controladas de 75 a 100 veces el límite."[164] La cantidad de tierras bajo el control de las compañías azucareras se acrecentó durante los primeros años de la década de 1930[165].

---

[161] Silvestrini, 59-60.
[162] Las tierras controladas incluyen las poseídas y las arrendadas. Ver Dietz, 126.
[163] Dietz, 126.
[164] Dietz, 126.
[165] Mathews, 135.

Según Dietz, también había grandes terratenientes puertorriqueños, pero "los principales poseedores de las formas productoras de riqueza de Puerto Rico" eran norteamericanos.[166]

Las empresas azucareras eran extremadamente rentables. Incluso durante los años difíciles de la recesión, nunca cesaron de proveer ganancias a sus propietarios. Por ejemplo, la American Sugar Company, relacionada con la Fajardo Sugar Company, triplicó sus ganancias en 1933 con relación al año anterior, produciendo un dividendo por acción de $9.26 a sus accionistas, comparado al de $3.42 del 1932.[167] Según Dietz: "De 1923 a 1930 el rendimiento del capital de los ingenios de las cuatro corporaciones norteamericanas más grandes fue, en promedio, de 22.5% al año. De 1920 a 1935 la Central Aguire, la South Porto Rico y la Fajardo distribuyeron $60,562,000 en dividendos a sus accionistas, mientras acumulaban un excedente disponible para la reinversión de otros $20,500,000."[168] Debido al alto costo de producción del azúcar en Puerto Rico comparado con Cuba o las Filipinas, las empresas en

---

[166] Dietz, 126-127.
[167] Mathews, 134.
[168] Dietz, 128.

Puerto Rico dependían de los beneficios del arancel especial en el mercado norteamericano del que gozaban.

Sin embargo, los trabajadores asalariados no se beneficiaban de estas ganancias. El salario de los trabajadores en Puerto Rico era incluso inferior al de sus equivalentes en otros países. Por ejemplo, para el 1928, según un estudio llevado a cabo en una hacienda en Puerto Rico, el 85% de los trabajadores (excluyendo de este grupo a los cortadores de caña) ganaban menos de $1.00 al día, comparado con Honduras en donde el salario mínimo estaba entre $1.25 y $1.50 diarios. Para el 1935, el salario promedio semanal en las haciendas de azúcar en Puerto Rico era de $3.34; el 94% del salario se gastaba en alimento.[169]

Según Dietz, entre 1913 a 1932 "la elasticidad de los salarios respecto a los precios fue .09, es decir, un aumento de 1 por ciento en el precio generaba un aumento en los salarios de sólo .09 por ciento."[170]

La precaria situación de los trabajadores tiene varias explicaciones: el excedente de mano de obra que debilitaba las

---

[169] Dietz, 128-129.
[170] Dietz, 129.

iniciativas de los sindicatos, la dispersión de los obreros agrícolas,[171]

la pobreza de los trabajadores que hacía muy difícil llevar a cabo

huelgas, y limitaba el dinero que se recogía a través de las cuotas, y

un mercado local insignificante como consecuencia de un proceso de

producción dirigido a la exportación.[172]

La Gran Depresión y la industria cañera en Puerto Rico

La Gran Depresión ha sido una de las fenómenos económicos

más graves que han experimentado las economías mundiales

capitalistas. La caída de la Bolsa de Valores de Nueva York, el 4 de

octubre de 1929 se establece como la fecha de referencia que marca

su comienzo. La economía de los Estados Unidos se vio muy

golpeada por la depresión; entre 1929 y 1933, su PNB se redujo casi

a la mitad, de $104.4 mil millones a $56 mil millones, el salario real

bajo un 15%, y, según algunos indicadores, el desempleo llegó a

registrarse en un 24.9% (Ver Tabla 3).[173]

---

[171] Taller, 41.
[172] Taller, 129.
[173] Taller, 154-155.,

Tabla 3

Unemployment and Real Wages in the 1930s[174]

Index 100)	Unemployment Rate		Real Wage
	Lebergott	Darby	(1940 =
1929	3.2%	3.2%	69.4
1930	8.7	8.7	75.7
1931	15.9	15.3	83.2
1932	23.6	22.9	80.8
1933	24.9	20.6	79.5
1934	21.7	16.0	84.3
1935	20.1	14.2	80.4
1936	16.9	9.9	81.1
1937	14.3	9.1	85.5
1938	19.0	12.5	93.9
1939	17.2	11.3	97.3
1940	14.6	9.5	100.0

---

[174] Robert A. Margo, "Employment and Unemployment in the 1930s", Journal of Economic Perspectives-7:2 (Spring 1993), 42-43.

Puerto Rico también se vio afectado por esta crisis, que provocó un aumento de la pobreza. Para el 1930, el 80% de su población era pobre; la Isla se encontraba entre los líderes del hemisferio en enfermedades como la tuberculosis, la malaria y la desnutrición. La tasa de alfabetismo para esa fecha era del 41.4%, y solamente el 12.6% de los varones y el 11.2% de las mujeres de más de 10 años asistían a la escuela. En el 1930, la tasa de desempleo entre los hombres era del 22.9%, y entre las mujeres del 22.9%.[175]

Sin embargo, la producción de azúcar se vio menos afectada que otros sectores. Ni tan siquiera los huracanes San Felipe en el 1928, ni San Ciprián, en el 1932, tuvieron graves consecuencias a largo plazo. La producción de Puerto Rico aumentó para compensar por la disminución del azúcar cubana, que no se beneficiaba de los aranceles preferenciales de los que gozaban las compañías en Puerto Rico.[176] La Fajardo Sugar Company ofrece un buen ejemplo de este aumento de la producción local: entre 1931 y 1932, esta compañía triplicó sus ganancias.[177]

---

[175] Linda Colón, 174-175.
[176] Dietz, 156-157.
[177] Dietz, 156.

A pesar de este aumento, los salarios de los trabajadores se fueron disminuyendo durante la década. En los mismos años que la Fajardo triplicaba sus ganancias, el jornal de los trabajadores del campo disminuyó de 90 a 50 o 60 centavos al día, más o menos el mismo nivel al que habían estado a finales del siglo 19.[178] La situación de estos trabajadores era más grave si tomamos en cuenta los efectos de la inflación. Entre diciembre de 1932 y diciembre de 1933 el precio del quintal de arroz aumentó de $2.40 a $4.10, el de las habichuelas de $3.00 a $5.25, y el del bacalao de $19.00 a $28.00, todos estos esenciales de la dieta común de la época. Según la Cámara de Comercio, el costo de la vida aumentó en un tercio.[179] Entre 1929 y 1935, los salarios bajaron de $131 millones a $95 millones anuales. En el 1933, los salarios fueron un 35% más bajo comparado al año anterior. [180] En el 1933, según un estudio citado por Linda Colón, el salario semanal de los trabajadores de la caña era de $13.55 semanales (9.6 centavos por hora), laborando doce horas diarias, los siete días de la semana durante la época de zafra.

---

[178] Dietz, 156-157.
[179] Mathews, 139.
[180] Mathews, 155.

Sin embargo, el costo de la dieta básica semanal de estas personas era de $11.17 semanal para una familia de cuatro.[181]

El Nuevo Trato

Ante la depresión, la respuesta del gobierno de Franklin D. Roosevelt en los Estados Unidos fue una serie de programas destinados a la rehabilitación económica que se conocieron como la política del Nuevo Trato. Se trataba de un cambio importante en la visión del papel que jugaba el estado en la escena económica del país. Su base teórica fueron las ideas del economista John Meynard Keynes, quien estipulaba que la Gran Depresión no había sido causada por "la falta de capacidad física ni técnica para producir en las firmas privadas cuya meta era la ganancia."[182] Keynes proponía que se tenía que promover la demanda agregada a través del aumento del gasto y de la inversión pública. Algunos ejemplos de los proyectos del Nuevo Trato destinados a este fin fueron la construcción de infraestructura y de viviendas, la otorgación de préstamos a los agricultores, la compra de cosechas excedentes, la

---

[181] Mathews, 177.
[182] Dietz, 161.

creación directa de empleos y el desarrollo de servicios públicos de educación y salud.[183]

Sin embargo, el problema de la crisis económica en los Estados Unidos era muy diferente del enfrentado en Puerto Rico. Mientras que en los Estados Unidos se hablaba de rehabilitación, en Puerto Rico se hubiera tenido que hablar de "construcción" económica; no se puede rehabilitar lo que no existe.[184] El problema en la Isla "no era la estimulación de la demanda, sino la tarea más fundamental de desarrollar, en primer lugar, una base económica y dinámica."[185]

En 1934 se da a conocer el llamado Plan Chardón cuyo fundamento es un diagnóstico de los problemas particulares de la economía puertorriqueña. Entre éstos se destacan la falta de diversificación de la agricultura, la fuga de capitales, el latifundio, y la alta tasa de desempleo.

Como parte de la política del Nuevo Trato, se crean para Puerto Rico dos programas que administrarán el manejo de los

---

[183] Linda Colón, 180.
[184] Linda Colón, 180.
[185] Dietz, 161-162.

fondos federales destinados a la rehabilitación: la Puerto Rican Emergency Relief Administration (PRERA) en 1934, y la Puerto Rico Reconstruction Administration (PRRA) en 1935. La mayor parte de los fondos federales asignados a la Isla llegaron a través de la PRRA, dirigida por Ernest Gruening: para el 1936 se habían creado 60,000 empleos (que correspondía al 50 por ciento de todo el empleo de la industria del azúcar de ese año).[186] Sin embargo, ninguno de estos programas fue realmente exitoso: la PRERA se fundamentaba sobre premisas desacertadas sobre la realidad económica puertorriqueña, y en el caso de la PRRA, a pesar de que recogía en sus objetivos algunos de los planteamientos presentes en el Plan Chardón, los fondos que se le asignaron fueron menores de lo que se estimaba necesario por sus defensores.[187] Los programas del Nuevo Trato en Puerto Rico fueron acogidos favorablemente por los trabajadores organizados quienes mantenían una imagen idealizada de la relación política de los Estados Unidos y Puerto Rico. Por ejemplo, durante la huelga de la caña de enero de 1934, en algunas asambleas de trabajadores se reclamó la intervención de Boaz Long,

---

[186] Linda Colón, 183.
[187] Linda Colón, 183-184.

quien estaba a cargo de la administración de la Ley de Recuperación Industrial (NIRA) en Puerto Rico.[188]

La huelga cañera de 1933-1934

Como ya hemos señalado, el mantenimiento de una huelga representaba un gran reto para los trabajadores por su pobreza, por la dispersión del trabajo en las áreas agrícolas, y por la gran cantidad de desempleados que había. La mejor manera de lograr que una huelga fuera exitosa era a través de la paralización del molino, lo que convertía a los trabajadores de la fábrica en piezas clave de este proceso.[189] Los obreros del campo, como los cortadores de caña, eran más fácilmente sustituibles que los fabriles porque se trataba de un trabajo diestro. El hecho de que su labor se concentrara en un lugar hacía también más fácil la tarea de organización sindical.

La huelga cañera de 1933 comenzó el primer día de la zafra, el 1ro de diciembre, en la Central Coloso, en el oeste de la Isla. Para el 8 de diciembre ya había más de 8,000 trabajadores en huelga en los pueblos de Moca, Isabela, Aguadilla y Aguada. La demanda

---

[188] Taller, 86-88, 93.
[189] Taller, 41.

principal giraba en torno al reclamo de un aumento salarial y sobre la duración de la jornada laboral.

El sábado 9 de diciembre se integran los obreros de la fábrica a la huelga, lo que lleva a los administradores a buscar una rápida solución al conflicto. El Administrador de la Central Coloso convocó para ese mismo día una asamblea a los trabajadores para hacer una oferta, pero esta fue rechazada por los obreros. Esa misma noche, el senador socialista Bernardillo Villanueva, y José D. Sobá, presidente de la Unión Obrera Central del distrito de Aguadilla, le hacen un llamado a la comisión de Mediación y Conciliación para que intervenga.[190]

La Comisión de Mediación y Conciliación se convirtió en una herramienta de la Federación para implantar la política laboral, fortalecida por la influencia de la AFL, que favorecía la negociación a la huelga.[191] El 10 de diciembre los miembros de la Comisión se reunieron con representantes del patrono en Aguadilla y llegaron a un acuerdo que favorecía algunas de las demandas más importantes

---

[190] Taller, 43.
[191] Taller, 52.

de los trabajadores. Éstas fundamentarían las huelgas más intensas durante enero de 1934. Éstas eran:

1. La reducción de la jornada laboral a ocho horas.

2. Un aumento salarial de 90 centavos a 1 dólar al día a trabajadores del campo, y un aumento del 15% a los trabajadores de la fábrica.

3. La abolición de los vales para las tiendas de las centrales.

4. La abolición del trabajo por ajuste.

Sin embargo, este acuerdo no le puso fin al conflicto laboral por el aparente incumplimiento por parte del patrono.[192] El 23 de diciembre comienza otro brote de huelga en Guánica. Incluso antes de que volviera a comenzar la huelga, ya se había establecido un clima laboral muy tenso en diferentes centrales azucareras del país, y se regaba el rumor de una posible huelga general.[193] El 25 de

---

[192] Taller, 62.
[193] Taller, 60.

diciembre da inicio otra huelga en la Central Plata de San Sebastián.[194]

El 15 de diciembre se reúnen en la Biblioteca Carnegie un grupo de representantes obreros y patronales con el objetivo de promocionar y el mantener la "paz industrial". La reunión fue presidida por Prudencio Rivera Martínez, el Comisionado del Trabajo, líder del Partido Socialista y de la Federación Libre. Como resultado de la reunión, los representantes de la industria azucarera deciden constituirse en un comité, integrado por Antonio Roig (de la Yabucoa Sugar Company), Pedro J. Serallés (Central Boca Chica y la Porto Rico American Refinery Company), Felipe Vidal, T. Bernardini, Manuel A. del Valle y R. Ramos Casellas. Los obreros serían representados por un comité de la FLT, presidido por Prudencio Rivera Martínez. Ambos comités comenzaron a reunirse desde el 20 de diciembre. El 5 de enero de 1934, se llega a un acuerdo y se firma un convenio, el primero en la historia del país que era válido para todos los trabajadores de la industria cañera.[195] El convenio del 5 de enero no satisfizo las demandas de los

---

[194] Taller, 57-58.
[195] Taller, 71-72.

trabajadores y, tan pronto como el 6 de enero, vuelven a dar comienzo huelgas en todo el país.

Según el convenio firmado, se decidió que se establecería la jornada de ocho horas de trabajo al día para los trabajadores del cultivo y la recolección, y otra de doce horas para los trabajadores de la factoría. En cuanto al salario, se establece una escala salarial en la que se contempla un aumento para la mayoría de los trabajadores:

> Disponiéndose que los tipos mínimos que aquí se fijan no afectarían ninguna compensación mayor que se esté pagando actualmente en campo o factoría y además, los jornales de fábrica que en la primera semana de la zafra pasada fueron mayores que los mínimos aquí establecidos, recibirán un aumento de 10% para esta zafra.[196]

El aumento concedido en la nueva escala salarial estaba por debajo de lo que los trabajadores habían demandado, y quedaba el temor de que se le redujeran los salarios a aquellos que ya cobraban un jornal superior al establecido en el convenio. Según el convenio, el salario quedó vinculado al comportamiento del precio del azúcar en el mercado internacional: por cada 25 centavos que aumentara el precio básico (el de la zafra en el momento de la firma del convenio era de $3.25 c.i.f.) el salario de los trabajadores aumentaba un 10%;

---

[196] Taller, 76.

pero si el precio del azúcar bajaba, así también lo hacían los salarios.[197]

El convenio causó gran malestar entre los trabajadores organizados, quienes sostenían que el aumento salarial estipulado, inferior al demandado, no era suficiente para compensar por el aumento del precio de los alimentos en la Isla.[198] Otro punto de controversia era la exigencia de la reducción de la jornada laboral a ocho horas diarias para todos los trabajadores.[199]

La firma del convenio provocó que miles de trabajadores se fueran a la huelga en todo el país. Para el 7 de enero ya se habían declarado huelgas en Guánica, Salinas, Arroyo, Patillas, Ponce, Maunabo, Santa Isabel, Juana Díaz, Coamo, Yauco, Sabana Grande, Yabucoa, Vieques, Canóvanas, Toa Baja, Fajardo, Luquillo, Ceiba, Carolina y Canóvanas. Para el 10 de enero, había más de 14,000 trabajadores en huelga en 25 municipios diferentes.[200]

Los días 7 y 8 de enero se reúne nuevamente el Comité de Obreros y Patronos a petición del gobernador Horton. Los miembros

---

[197] Taller, 77.
[198] Taller, 94.
[199] Taller, 102, 104, 108.
[200] Taller, 105.

del Comité llegaron a la conclusión de que el problema que se había suscitado por la firma del convenio se debía a un problema de confusión: los trabajadores no habían entendido el convenio; por lo tanto, no era necesario enmendarlo, sino aclararlo.[201]

Sin embargo, el Lcdo. Cayetano Coll y Cuchí, quien participaría activamente en la campaña de la FLT para convencer a los obreros de que aceptaran el convenio, concluía que los líderes de la Federación eran en parte responsables por la reacción de rechazo de los trabajadores. Coll Cuchí criticó el hecho de que los líderes federados hubieran hecho públicas las demanda originales de aumento salarial, entusiasmando a los obreros de que era posible obtener un aumento que las centrales no tenían la capacidad de conceder.[202]

Durante las dos semanas luego de la firma del convenio, la FLT se dedicó a tratar de detener las huelgas tratando de convencer a los trabajadores de las bondades del convenio. La FLT apoyará el uso de la represión policiaca y de rompehuelgas para acabar con las

---

[201] Taller, 87-96.

[202] Carta de Cayetano Coll Cuchí a Santiago Iglesias Pantín, 23 de octubre de 1934, Centro de Documentación Obrera Santiago Iglesias Pantín, Universidad de Puerto Rico en Humacao.

huelgas.[203] La Federación va a crear comisiones para visitar los municipios en donde se desarrollan las huelgas con el fin de llevar a cabo su campaña de aceptación del convenio firmado. Una de ellas estaba compuesta por Prudencio Rivera Martínez, Max Mattei, Ramón Berrios y José Meléndez Jr, y estaba a cargo de visitar los distritos de Arecibo y Bayamón. Otra comisión, integrada por Luis Pérez Peña, Eduardo Méndez y Francisco Colón Gordiany visitaría los municipios de las zonas central y oriental del País.[204]

Las acciones de la FLT crearon un gran malestar entre sus miembros, y la actitud de los huelguistas se volvió hostil hacia el liderato de la FLT, en especial hacia Prudencio Rivera Martínez a quien trataban de "entregado".[205] Una de las particularidades de este proceso huelgario de enero de 1934 es que por primera vez en Puerto Rico los trabajadores en huelga tienen que organizar una lucha en dos frentes diferentes: el patrono y los líderes federados. Esta coyuntura creará la necesidad de un nuevo liderato con quienes se pudieran identificar los trabajadores que se sentían traicionados, y

---

[203] Taller, 100-102, 106, 151. Silvestrini, 49.
[204] Taller, 111-112.
[205] Taller, 113-115. Silvestrini, 49.

quien pudiera representar sus intereses. Es en este contexto que se dará la participación de Pedro Albizu Campos, presidente del Partido Nacionalista de Puerto Rico, y la creación de nuevas organizaciones dentro y fuera de la Federación Libre y del Partido Socialista.

El 12 de enero, a petición de los huelguistas, Pedro Albizu Campos se dirige a 6,000 trabajadores reunidos en asamblea en la Central Aguirre en Guayama. A partir de este momento, Albizu será invitado a varias asambleas de obreros en diferentes pueblos en donde se volverá un portavoz importante de las demandas de los huelguistas.

Ha habido un debate sobre la importancia de la participación de Albizu en las huelgas. Según el análisis del Taller de Formación Política (TFP), el nacionalismo puertorriqueño expresado y dirigido por Pedro Albizu Campos era la única fuerza antiimperialista entre los movimientos y partidos políticos de ese momento histórico, y su participación, como consecuencia de la invitación de los propios trabajadores en huelga, le daba una dimensión política que los partidos tradicionales eran incapaces de ofrecer. Sin embargo, para Ángel Quintero Rivera, la participación de Albizu se limitó a ofrecer discursos en algunas asambleas y reuniones de los trabajadores.

Según Quintero Rivera, el nacionalismo defendía la postura de que eran necesarios líderes nacionalistas para dirigir a los obreros, lo que chocaba con el hecho de que los trabajadores ya habían generado sus propios líderes. El TFP critica la opinión de Quintero basándose en que fueron los mismos trabajadores quienes llamaron a Pedro Albizu Campos para que se volviera su portavoz al verse traicionados por su liderato histórico. Las posturas de Quintero Rivera serían una versión más reciente de las críticas burguesas de la época que le atribuían la fortaleza de las huelgas al respaldo que recibían de "elementos externos".[206]

Pedro Albizu Campos nunca mostró interés en dirigir a los obreros durante las huelgas. Su contribución se limitó a dos tipos de actividad. Por un lado, Albizu le dirigió varios discursos a los trabajadores en huelga. Esto lo convirtió momentáneamente en un portavoz de sus reclamos a nivel nacional. El hecho de que los obreros invitaran a Albizu para que hablara a su nombre y los apoyara, no implica que hayan presumido que sus intereses sindicales y políticos estaban mejor representados por el Partido

---

[206] Taller, 127.

Nacionalista, sino que reconocían la honestidad y verticalidad del presidente de ese Partido. La participación de Albizu fue criticada tanto por los patronos y el liderato de la FLT, como por un sector de los trabajadores en huelga. En un editorial de *Unión Obrera* se critica la gestión de Albizu por el desfase que había entre su discurso radical y sus actos. Lo acusan de aprovecharse de la crisis por el "error de adoptar un convenio que creó malestar" para ir "pueblo en pueblo predicando un radicalismo que es incapaz de sostener", para luego irse, dejando a los trabajadores sin dirección. El discurso nacionalista de Albizu es criticado afirmándose que no se trata de la diferencia entre "los puertorriqueños y los chinos, sino de la lucha entre los explotadores y los explotados", cuya única defensa es la organización internacional "pues el dolor de un menestral cubano es el mismo que el de un dominicano." El editorial culmina afirmando que el error del liderato no significa el fin del Partido Socialista.[207]

Por otro lado, Albizu colaboró con la fundación de la Asociación de Trabajadores de Puerto Rico (ATPR), el 12 de enero en Guayama. Sin embargo, un elemento importante que distinguirá a

---

[207] "A río revuelto...", Unión Obrera, 16 de enero de 1934.

la ATPR es su interés de mantener su independencia de todos los partidos políticos, incluyendo al Partido Nacionalista. Su objetivo fue la representación de todos los trabajadores en huelga para garantizar la obtención de sus reclamos. Su estructura organizativa es un reflejo de la necesidad de una representación sindical más democrática: la directiva estaba compuesta de un presidente, un tesorero, y de un representante obrero por cada especialidad agrícola.[208] Durante las huelgas de enero, la ATPR creó secciones en diferentes pueblos como en Fajardo, Guayama y Yabucoa,[209] pero nunca logró su objetivo de coordinar la organización de las huelgas.

El malestar en contra de la dirección de la FLT y del PS va a provocar que los trabajadores en huelga busquen nuevas formas de organizarse. La ATPR fue un proyecto radical de reorganización porque trata de construir una nueva organización sindical independiente de los intereses políticos que tenga un verdadero compromiso con los trabajadores. El hecho de que los trabajadores hayan invitado a una figura como Pedro Albizu Campos, quien se distinguía por su honestidad y verticalidad, para que se volviera un

---

[208] Taller, 124-125.
[209] Taller, 132-133,139, 145.

vocero de sus reclamos, a pesar de las diferencias políticas, es un signo claro de la crisis del liderato obrero.

En esta coyuntura, otro grupo de líderes socialistas considerarán que todavía era posible reformar el Partido Socialista. La razón para la fundación de la tendencia Afirmación Socialista fue transformar el PS para que volviera a asumir lo que se entendía eran sus objetivos iniciales. La tendencia estaba compuesta por el sector más radical del Partido, quienes defendían un programa político democrático, anticolonial y antiimperialista. El próximo capítulo lo dedicaremos al estudio de este grupo.

Capítulo IV: Afirmación Socialista y la defensa del programa socialista

Durante las huelgas de enero de 1934, y como producto del malestar que se creó en contra de la dirección de la FLT y del PS, se desarrollaron propuestas de reorganización de las organizaciones políticas y sindicales que representaban a los trabajadores. En este mes se fundará la tendencia Afirmación Socialista dentro del PS con el objetivo de llevar a cabo reformas en la dirección y el programa político del Partido. Como consecuencia del recrudecimiento del clima de represión dentro del PS, todos los miembros de AS fueron expulsados muy rápidamente del Partido. Durante el año 1934, y ante la imposibilidad de llevar a cabo su proyecto de reformas, AS se va a transformar en un nuevo partido político, el Partido Afirmación Socialista de Trabajadores Unidos (PASTU). Éste no sobrevivirá los pobres resultados que obtendrá en las elecciones de 1936.

Fundación de Afirmación Socialista

El 12 de enero, la Comisión de la FLT se reunió con un grupo de trabajadores en Carolina, y les recomendó que aceptaran el convenio firmado. A esta reunión asistieron un grupo de líderes huelguistas que se oponían a lo negociado por la Federación. Tadeo Rodríguez, Luis Pino, Lucas Betancourt y Bartolomé Paniagua, quienes luego fundarán la facción Afirmación Socialista, se expresaron en contra del convenio y propusieron que la Comisión le diera espacio a la oposición para que los acompañara en sus visitas a los demás pueblos en donde se mantenían las huelgas, lo que fue rechazado por sus miembros. En esa reunión los obreros votaron por rechazar el convenio del 5 de enero, 500 votos contra 5.[210] A pesar de la negativa de la Comisión, los líderes opositores se dieron a la tarea de seguir la ruta de la Comisión para presentar sus argumentos en las reuniones que celebraban.[211] El ambiente se volvió muy hostil, y los miembros de la Comisión llamaron a la policía para no permitirles la entrada a estos líderes durante las asambleas.[212]

El 15 de enero se funda oficialmente el grupo Afirmación Socialista (AS). El próximo día, en un comunicado de prensa publicado en el periódico *El Mundo*, AS solicitaba a los trabajadores

---

[210] Huelga en la caña, 112.

[211] Georg Fromm, "La huelga de 1934, una interpretación marxista (1)", Claridad, En Rojo, Del 24 al 30 de junio de 1977, 7.

[212] Huelga en la caña, 115-116,.

que aceptaran el convenio para poder dar comienzo a una reorganización del Partido Socialista:

> Debido al conflicto surgido con motivo del rechazo dado por los trabajadores al convenio aprobado entre los representantes de los azucareros y del trabajo organizado, conflicto por cual se trata por adversarios de inculpar al Partido Socialista que no ha tenido intervención alguna en el citado convenio, hemos resuelto comunicar a los trabajadores socialistas que acepten el convenio bajo protesta y a la vez pedir de cada localidad que solicite de la dirección del partido una convención general del mismo a fin de resolver esta situación creada. Además pedir la reorganización del Comité Ejecutivo Territorial, con el propósito de separar por completo los asuntos de las organizaciones del trabajo de las del Partido Socialista.[213]

El comunicado estaba firmado por Tadeo Rodríguez García, Bartolomé Paniagua, Aguedo Vargas, Luis Pino, Ricardo Cabrera, Miguel Bernard Silva y el Lcdo. José Soto Rivera, entre otros. Los miembros de AS revivían el viejo debate sobre la relación entre el sindicato con la política partidista, criticaban el abandono del interés por los asuntos obreros del liderato socialista, y sostenían la postura de que el PS seguía siendo un instrumento necesario para la lucha de los trabajadores.

---

[213] Huelga en la caña, 146-147.

Se han propuesto explicaciones para entender este llamado de Afirmación Socialista a aceptar el convenio. Para Georg Fromm, la intervención del presidente del Partido Nacionalista pudo haber tenido influencia: "los integrantes de Afirmación Socialista tienen que haber visto en la intervención de Albizu un arma de doble filo: si bien tendía a dramatizar y fortalecer el descontento de los obreros cañeros, también tendía a minar los cimientos de los instrumentos históricos de la lucha obrera."[214] El TFP parte de este análisis de Fromm para concluir que los miembros de AS se "escamaron" ante la presencia de Albizu, se asustaron "con el poderoso impacto que tenía Albizu entre los obreros...", y fue por este temor que decidieron "claudicar" aceptando el convenio.[215]

Nos parecen desacertados el análisis propuesto y la conclusión a la que llega el TFP. El llamado a la aceptación bajo protesta del convenio se daba en un momento cuando ya se había reducido marcadamente la cantidad de huelgas mantenidas en las centrales. Para el 16 de enero, sólo quedaban cerca de 4,000

---

[214] Georg Fromm, "La huelga de 1934, una interpretación marxista (1)", En Rojo, Claridad, Del 24 al 30 de junio de 1977, 7.
[215] Huelga en la caña, 148.

trabajadores en huelga, de los cerca de 15,000 que la habían declarado a principios del conflicto.[216] Los trabajadores no tuvieron la capacidad de mantener unas huelgas en contra tanto del patrono como de su propio liderato. El hambre, la represión patronal y gubernamental, la confusión generada por la campaña de desinformación emprendida por el propio liderato de la Federación Libre, la fragmentación de los procesos huelgarios y la incapacidad de crear una estructura a través de la cual se coordinaran las diferentes huelgas, fueron minando las posibilidades de llevar a cabo con éxito la lucha en contra del convenio. El comunicado de AS se da en un momento cuando ya es evidente la derrota que estaban sufriendo los trabajadores en huelga.[217]

El TFP idealiza la participación del Partido Nacionalista durante la huelga. Mencionan el "poderoso impacto" de la figura de Albizu durante la huelga, y subestiman la participación y la influencia de AS. Este grupo se mantuvo muy activo durante los meses de enero a marzo de 1934. De acuerdo a lo encontrado en la prensa, se llevaron a cabo por lo menos nueve reuniones públicas en

---

[216] Huelga en la caña, 149.
[217] Silvestrini, 188. Huelga en la caña, 138.

Río Piedras, Caguas, Barrio Obrero y en Cataño. En algunos de ellos la prensa informa que asistieron varios miles de personas:

1. Al mitin del martes 16 de enero en la Plaza Baldorioty asistieron más de tres mil personas.[218]

2. Al mitin del domingo 4 de febrero en Caguas asistieron más de dos mil personas.[219]

3. Al mitin del jueves 15 de marzo en la Plaza Baldorioty asistieron más de cuatro mil personas.[220]

El objetivo de las reuniones era nombrar un comité que dirigiera localmente la campaña para la celebración de una Asamblea Extraordinaria. Así consta para las reuniones ocurridas el 29 de enero en la Plaza Baldorioty[221], el 4 de febrero en Caguas[222], el 10 de febrero en Cataño[223] y el 20 de febrero en Barrio Obrero[224].

---

[218] *Unión Obrera*, 13 de enero de 1934.

[219] *Unión Obrera*, 8 de febrero de 1934.

[220] *Unión Obrera*, 17 de marzo de 1934.

[221] *Unión Obrera*, 30 de enero de 1934.

[222] *Unión Obrera*, 8 de febrero de 1934.

[223] *Unión Obrera*, 17 de febrero de 1934.

[224] *Unión Obrera*, 20 de febrero de 1934.

Las respuestas de apoyo a la lucha del grupo AS fueron numerosas, y no consistieron solamente en la asistencia a las reuniones públicas. Durante estos meses se registran en la prensa varias cartas de apoyo de otros miembros del PS que legitiman a AS como un portavoz de la disidencia interna del PS.

Un caso significativo es el de Félix Rivera, de Carolina, quien estuvo presente en varias de las reuniones públicas que organizó AS. Este líder obrero le dirigió una carta a AS el 20 de enero de 1934[225] para manifestar su apoyo a sus posturas asumidas:

> "[…] veníamos dándonos cuenta, desde hace tiempo del grave daño que se le está causando a nuestra gloriosa agrupación política, a causa de la actitud afanosamente inculta y semi-imperialista mantenida por nuestros líderes. Era tiempo ya de que surgiera del montón anónimo como ha surgido felizmente un movimiento renovador capaz por la fuerza de su acción inquebrantable y perseverante de evitar la ruina del ideal que es la esperanza de redención de las muchedumbres de Puerto Rico."

Se percibe, pues, a través de la prensa que el apoyo con el que contaba la AS dentro del PS era significativo, aunque no haya sido suficiente para evitar la expulsión de sus miembros.

---

[225] *Unión Obrera*, 27 de enero de 1934.

Este juicio sobre la importancia de la participación de AS durante la huelga es compartido por Georg Fromm quien le reconoce un lugar privilegiado a esta facción: "De los grupos que intervinieron a favor de los huelguistas, Afirmación Socialista fue, de hecho, el más importante. Su fracaso nos da una medida de cuán difícil, cuán 'cuesta arriba', era la lucha a la que se enfrentaban los obreros durante la huelga."[226] Según Fromm, la importancia de AS radicaba en que había sido constituido por líderes del Partido Socialista que habían defendido históricamente una postura en contra de la colaboración de clases, y que luchaban a favor de "una lucha obrera militante y radical."[227]

La mayoría de los miembros fundadores de AS tenían una larga trayectoria de lucha dentro de las filas del PS y de la FLT:

1. Tadeo Rodríguez García había sido líder fundador de la Federación Libre y del PS. Fue candidato a senador por el PS, participó como delegado en

---

[226] Georg Fromm, op. cit., 7.
[227] Ibid.

muchas de las asambleas y convenciones. También fue un orador importante del PS.

2. Florencio Cabello, miembro fundador del PS, se había destacado como delegado en las asambleas y convenciones de la FLT y del PS desde el año 1900. Ocupó los puestos de presidente de la Sección Socialista Núm. 4 y de la Sección Núm. 74 de Puerta de Tierra, y secretario de la Sección Núm. 37 de Barrio Obrero. Fue miembro del Comité Central y fundador de la Unión 190 de Gurabo, entre otros.

3. Aguedo Vargas, secretario de la Sección Socialista Núm. 4 de San Juan, y delegado al Comité Central de San Juan. Fue delegado a la Convención del Partido de 1932.

4. Lcdo. José Soto Rivera, estuvo a cargo de la inscripción del PS en muchos municipios, representante legal del partido en varios pleitos electorales y huelgarios.

5. Bartolomé Paniagua, miembro fundador de la Sección Socialista Núm. 4 de San Juan, en la que ejerció el puesto de secretario. Fue presidente de la unión de tipógrafos.

6. Julio Enrique Pantoja, delegado al Comité Central.

7. Nicolás Rodríguez García, miembro fundador de la Federación Libre y del PS. Fue miembro de la Junta Local de elecciones en todas las elecciones en las que participó el Partido.

8. Miguel Bernard Silva, candidato a la Cámara de Representantes por el Distrito Núm. 1 de San Juan. Redactor jefe del periódico *Justicia*. Fue vicepresidente del PS. Fue presidente de la Sección Socialista Núm. 4 de San Juan.[228]

---

[228] "La Afirmación Socialista expone su caso concreto". *Unión Obrera*, 6 de febrero de 1934.

El 30 de enero de 1934, se les notificó a los "líderes rebeldes" de AS[229] que fueron acusados por deslealtad y alta traición ante el Comité Ejecutivo Territorial.[230] El 1ro de febrero, se publica en *Unión Obrera* el Documento Dirigido al Comité Ejecutivo Territorial firmado por la dirección de AS: Tadeo Rodríguez, presidente, Aguedo Vargas, secretario de actas, Florencio Cabello, vicepresidente, Ramón de Jesús Dupont, tesorero, M. Bernard Silva, secretario corresponsal, y los vocales Bartolomé Paniagua, José Soto Rivera y Ramón Fuentes. Los reclamos expuestos por AS con el fin de reformar el Partido son los siguientes: La sustitución inmediata del presidente interino Rafael Alonso Torres, el fin de las prácticas antidemocráticas del liderato y del alejamiento del socialismo, la celebración de una Asamblea General Extraordinaria para enmendar la constitución, el respeto de los acuerdos electorales de la Coalición, la confección de un programa legislativo, la denuncia de la contradicción entre los puestos que ocupaban algunos miembros del PS y la ideología socialista, el reclamo de la libertad para disentir y

---

[229] "La Afirmación Socialista expone su caso concreto". *Unión Obrera*, 6 de febrero de 1934.
[230] *Unión Obrera*, 6 de febrero de 1934.

del fin de las expulsiones por razones políticas. Veamos estos reclamos en detalle.

1. La sustitución inmediata de Rafael Alonso Torres, presidente interino del PS.

Los miembros de la AS reclamaban la destitución inmediata de Alonso Torres. En el documento que el grupo le envió al Comité Ejecutivo Territorial se exponen al detalle los cargos de los que la AS acusa al presidente interino[231]. Los cargos son:

a.   Acumulación de representación: se le acusa de ocupar simultáneamente 11 puestos diferentes (vicepresidente del Comité Ejecutivo Territorial del Partido Socialista, presidente interino del Partido Socialista, vicepresidente de la Cámara de Representantes de Puerto Rico, presidente de turno del Comité de Hacienda de la Cámara de Representantes de Puerto Rico, presidente de la Comisión

---

[231] *Unión Obrera* ,10 de febrero de 1934.

Económica, presidente de la sección número 4 de San Juan

del Partido Socialista, Presidente del Comité Central del

Partido Socialista, presidente del Comité ejecutivo del Partido

Socialista, presidente del Comité de Nombramientos del

Partido Socialista, presidente de turno del Comité Conjunto

Territorial del Partido Socialista y Secretario General de la

Federación Americana del Trabajo en Puerto Rico).

b.   Mal trato: en el documento se enumeran las

veces que Rafael Alonso trató de mala manera a diferentes

compañeros del partido.

c.   Usurpación de poderes: se le acusa de haber

privado en la práctica del puesto de secretario general al

compañero Alfonso Torres.

d. Privación del decreto de huelgas: los miembros de AS lo acusan de haberles coartado su derecho a diferir de las decisiones del Comité Ejecutivo Territorial.

e. Traición y deslealtad al Comité Ejecutivo Territorial y al Partido: por haber tomado decisiones contrarias a las acordadas en el Comité Ejecutivo Territorial.

f. Abandono y negligencia: porque por estas razones se hicieron nombramientos en el gobierno adversos a los intereses del Partido.

2. Denuncia de prácticas antidemocráticas del liderato y del alejamiento del socialismo.

Aunque los miembros de la AS sólo solicitan la destitución de Alonso Torres, la crítica que se refleja en los documentos y artículos publicados es a favor de una visión más democrática del funcionamiento del Partido. Así se plantea en el *Manifiesto* publicado por el grupo[232]:

---

[232] *Unión Obrera* , 30 de enero de 1934.

Si el libre examen al romper con todos los convencionalismos destruyó el monopolio del saber humano, la libre expresión del pensamiento completó su obra para condenar a los envenenadores de la conciencia pública, señalar y acusar la tiranía, combatir sus mantenedores y derrotarlos, para darle paso al sentido de responsabilidad, y que la democracia y la libertad abandonen su categoría de símbolos, aplicando sus honestos postulados a todos los hombres y a todos los pueblos" […] "Nuestra acción va encaminada contra los directores del Partido Socialista, que vienen manejando los intereses colectivos del partido, como si se tratara de cosas privativas y personales.

Para AS, es el liderato el responsable de alejar el Partido del socialismo, su fin primordial:

> Nuestra existencia no se debe al producto de una loca aventura, sino a tono con la necesidad de estos tiempos en marcha hacia una sociedad nueva, cuyo pronto advenimiento quiérese retardar a favor de un limitado grupo de privilegiados, en detrimento de una mayoría que es imposible ignorar.
> ¿Acaso la centralización de poderes, la unidad arbitaria y grosera no es una modalidad del despotismo, asiento y base de toda tiranía?

Ya Florencio Cabello había expuesto también esta crítica en un artículo titulado "Por la verdad, el derecho y la justicia"[233].

Comienza el artículo haciendo una reflexión sobre la dificultad de

---

[233] *Unión Obrera*, 13 de enero de 1934.

entender cuáles son las acciones e ideas que caracterizan al verdadero socialismo:

> Ante este dilema se encuentran en los momentos presentes varios "leaders" del Partido Socialista y de la Federación Libre que son tales sólo de nombre, pues en el momento de la aplicación de la ideología que dicen mantener nos encontramos con que actúan muy contrariamente a como deberían actuar. Estos son los autoritarios, los que quieren imponer a toda costa su modo particularísimo de ver las cosas ignorando que la riqueza del conocimiento obedece a la variedad infinita de sus diversas manifestaciones.

Los miembros de la AS mantienen así una campaña en contra de la dirección del PS por ser responsables de prácticas antidemocráticas, que constituyen una traición al ideal democrático del Partido, y por haber traicionado el ideal socialista.

3. La celebración de una Asamblea General Extraordinaria para enmendar la constitución.

La asamblea extraordinaria representa un espacio para hacer cambios en el Partido, sobre todo a nivel de la dirección.

Se recoge a través de la prensa que AS llevó a cabo por lo menos nueve "reuniones públicas" (o "meetings", o "mitin") en varias partes de la isla, pero sobre todo en Río Piedras. El motivo primordial de estas reuniones era buscar apoyo para su reclamo de que se celebrara una asamblea extraordinaria. En el documento del Comité Ejecutivo Territorial en donde se justifican los cargos de deslealtad y de alta traición en contra de los miembros de AS, se hace un recuento de las posiciones defendidas por los acusados durante estas reuniones.

Los puntos defendidos por AS y que justificarían la celebración de la asamblea son:

a.   El repudio a la Coalición.[234]

b.   Establecer una postura en contra del colonialismo y a favor de la independencia.[235]

c.   Atender el problema de la centralización de poderes.[236]

---

[234] "En el Territorial Socialista, relación de hechos y opinión", en: Tadeo Rodríguez García, *Breviario Histórico* (San Juan, 1936), 34
[235] Rodríguez García, 34.
[236] Rodríguez García, 36.

d. "Combatir" las "anormalidades" de parte del

Comité Ejecutivo Territorial que han llevado el Partido al

"descrédito" y a la "desorientación".[237]

e. Atender el problema de la Carta Roja, a través

de la cual se era miembro del Partido, porque su costo ($1) la

hacía muy onerosa para los trabajadores. Según Florencio

Cabello, esta situación excluían a 90,000 socialistas de la vida

democrática del PS, reduciendo la cantidad de miembros a

unos 6,000 ó 7,000.[238]

4. "La reclamación de todos los derechos legítimamente conquistados por el PS en las justas electorales"

AS asegura que por la negligencia de Rafael Alonso Torres

varios puestos del gobierno que le correspondían a miembros del PS

le fueron atribuidos a afiliados del Partido Unión Republicano. Las

---

[237] Rodríguez García, 36.
[238] Rodríguez García, 36.

plazas mencionadas son la de oficiales jurídicos de Secretaria Ejecutiva y oficina del Procurador General, Fiscal de de la Corte Distrito de Guayama entre otras posiciones insulares y municipales.[239]

5. La confección de un programa legislativo.

Los miembros de la AS sugieren que se establezca un programa legislativo que regule las acciones del PS y su relación con Unión Republicana como una medida para contrarrestar el descrédito en el que estaba cayendo el Partido.

6. "La separación de poderes y obligaciones oficiales con aquellas agencias de gobierno, instituciones o entidades representativas que no correspondan al mismo orden doctrinal y de conciencia."

El ejemplo más claro de esta contradicción es el caso de Prudencio Rivera Martínez quien ocupaba el puesto de Comisionado del Trabajo, es decir el representante del Estado. Es Rivera Martínez quien convoca y dirige a nombre del gobernador interino la reunión

---

[239] "Cargos a Rafael Alonso Torres ante el Territorial Socialista", en: Comité Insular Afirmación Socialista, *Prontuario del libro en preparación Opinión y Sentencia*, San Juan, 1934, 19.

entre representantes de los obreros de la caña y su patrono el 15 de diciembre de 1933. En esta reunión se creó el comité que firma el polémico convenio el 5 de enero de 1934.

Pero el caso de Prudencio Rivera Martínez no era el único, "[s]olamente en el Departamento del Trabajo había 96 funcionarios que eran […] miembros del Partido Socialista."[240] En otras agencias gubernamentales había representación del Partido. Según el Taller de Afirmación Política, "18 pueblos de la isla tenían alcaldes socialistas. En casi todos estos pueblos […] la huelga fue aplastada por la policía, el Partido Socialista y la Federación Libre."[241]

Es así como las contradicciones entre la administración del estado colonial y la ideología del Partido Socialista se van volviendo obvias para los integrantes de la AS.

7. "La libre y espontánea manifestación del pensamiento por medio de la palabra hablada o escrita."

La justificación principal para los cargos de "deslealtad y de alta traición" de los que son acusados, los miembros de la AS, es a través de los documentos y artículos publicados en la prensa, y de

---

[240] Taller, 54.
[241] Taller, 54.

los discursos pronunciados durante las reuniones públicas. Se les acusó de tratar de dividir el Partido dirigiendo acusaciones a sus líderes:

> De toda prueba de cargo anteriormente transcrita toda ella clara y fehaciente, concebida, redactada y propagada en periódicos y tribunas en lenguaje severo, duro y mordaz, de designios preconcebidos, deliberada y maliciosamente, tendiente a crear descrédito, deshonor y desprestigio al organismo supremo del Partido Socialista...”[242]

Sin embargo, y como ya vimos, el discurso de la AS defendía una práctica mucho más democrática en los procesos y la vida de su organización:

> “Hemos leído en estos periódicos artículos atacando los procedimientos del compañero Alonso, y a él personalmente, pero ataques a la persona del referido compañero no pueden considerarse como ataques al Partido Socialista.”
> [...]
> “Sostenemos que como socialistas reconocidos y de origen, no se nos puede prohibir las asociaciones o grupo dentro del Partido como tendencias a afianzar el ideal socialista en la comunidad.”

De hecho, integrantes de la AS reconocieron haber fundado la Asociación Claridad, grupo que aún existía para la fecha de su

---

[242] Rodríguez García, 36.

expulsión (el 8 de febrero de 1934), y que era una tendencia internacionalista. Su razón de ser era "para propagar lo siguiente:

> Que el socialismo es un principio social universal y no exclusivamente local, y que debíamos tratar de relacionarnos con los grandes y poderosos núcleos socialistas de otros países, y que con tal propósito o fin se fundaba la Asociación Claridad, en solidaridad con el Partido Socialista de Puerto Rico y para propagar sus principios y postulados."[243]

Esta visión es cónsona con la razón de ser primordial para la fundación de AS: "afirmar en las masas el ideal socialista que vincule y estreche con lazos de verdadera fraternidad y compañerismo a todos los hombres y a todos los pueblos."

Las acciones de la AS se inscriben en una visión política diferente de la que predominaba en el Partido. Se trata de una minoría y de su reclamo por espacios más democráticos dentro de la organización.

8. "La eliminación de la vieja práctica burguesa y dictatorial de las expulsiones."

---

[243] "Contestación a los supuestos cargos de deslealtad y alta traición", en : *Prontuario del libro en preparación Opinión y Sentencia*, 23.

La expulsión del PS estaba regida por la Sección 12 de su Constitución[244]. Fue en esta sección que se fundamentaron los miembros del Comité Ejecutivo Territorial para expulsar del Partido a los miembros de AS, el 8 de febrero de 1934.

Para la AS, la expulsión era parte de una práctica autoritaria de eliminar la oposición dentro del PS. En el caso específico de su expulsión, los miembros del grupo acusan al Comité Territorial de haber mentido en la sentencia de expulsión del día 8 de febrero, alegando "por información que les merece entero crédito, que no hubo tal reunión del Comité Ejecutivo […] ni estuvieron presentes, ni firmaron todos los miembros que figuran tomando el acuerdo de la expulsión." En otras palabras, que son los mismos líderes del partido criticados por abuso de poder los que enjuician y expulsan a los miembros de la oposición.

---

[244] "El miembro que cometa algún acto de indisciplina o deslealtad será sometido a un proceso político, por medio de cargos específicos que presente cualquier miembro, el Comité Directivo o la Asamblea, cuyos cargos serán enviados a la persona interesada, notificándosele la fecha en que debe comparecer a defenderse, ante la comisión investigadora de los hechos, que sea nombrada por una asamblea de la Sección.", Sección 12 de la Constitución del Partido Socialista de Puerto Rico, según aprobada en la octava Convención Regular, 1932.

Esta práctica "autoritaria" era percibida como una consecuencia de la influencia de la ideología burguesa. Decía Florencio Cabello:

> "El crecimiento de la autoridad ya lo hemos visto manifestarse en las actividades obreras. Varios líderes, educados dentro de las prácticas burguesas, no han podido sustraerse a los resabios y costumbres del sistema capitalista, a pesar de los años de escuela socialista que han tenido, y han traído a nuestra colectividad esa misma mentalidad burguesa."[245]

Las posturas que defendió el grupo AS que fundamentaban su proyecto de reformar el PS pueden ser definidas como democráticas, anticoloniales y radicales. Las críticas a la acumulación de puestos que se le hace a Rafael Alonso Torres trascienden su persona y se convierten en un rechazo a la centralización de la toma de decisiones que impide la participación democrática (incluso de algunos miembros del mismo CET) de los militantes del Partido. Su preocupación no concierne sólo las estructuras de dirección, sino que incluso critican el costo de la membrecía al Partido porque su costo excluye la participación de miles de potenciales militantes.

---

[245] Cabello, ""Por la verdad, la justicia y el derecho"

AS critica que el PS se ha alejado de su programa socialista. Sus miembros admiten haber creado en el pasado otra tendencia de carácter internacionalista que llevaba por nombre Claridad. Su identificación con un programa de cambios que trascienden la estructura del capitalismo queda claro en sus declaraciones. Otro ejemplo de su programa socialista es el rechazo a la Coalición. Si bien van a criticar la falta de respeto a los acuerdos del pacto electoral que concernían la repartición de puestos en el gobierno, los miembros de AS señalarán las contradicciones de que algunos socialistas ocuparan puestos políticos que los ponían en una "contradicción ideológica". Este era el caso del Comisionado del Trabajo, quien representó los intereses del patrono durante la huelga. Esta contradicción ideológica se explica cuando se percibe el estado como un instrumento de opresión al servicio de los capitalistas.

A pesar de su visión contradictoria sobre la intervención del gobierno de los Estados Unidos en Puerto Rico, AS defendió la independencia para Puerto Rico y criticó claramente el colonialismo. Sus miembros no lograron trascender la visión de los Estados Unidos como un aliado de los trabajadores en Puerto Rico. Sin embargo, apoyaban un programa de descolonización para la Isla.

Expulsión de los miembros de Afirmación Socialista

Según la versión de los dirigentes del PS, el 8 de febrero se convocó una reunión del Comité Ejecutivo Territorial del Partido Socialista en el Capitolio a la que asistieron miembros del ejecutivo, así como legisladores del Partido. Según la prensa, estuvieron presentes: Rafael Alonso Torres, José Ferrer y Ferrer, Francisco Paz Granela, Concepción Torres, Nicomedes Rivera, Lino Padrón Rivera, Concepción Cruz Escobar, William D. López, José H. Gore, José C. Menéndez, Epifanio Fiz Jiménez, Cirilo Avilés, Sixto A. Pacheco, Elena Ramos Paula, Antonio Arroyo, María Garméndiz, Cristóbal del Campo, Domingo Santos, Prudencio Rivera Martínez, Ricardo Mariani, Benigno Pacheco Tizal, Bolivar Ochart, Ramón Barrios y Eduardo Méndez. En la reunión se decidió la expulsión de los miembros de Afirmación Socialista: Tadeo Rodríguez García, José Soto Rivera, Florencio Cabello, Miguel Bernard Silva, Ramón Fuentes, Ramón de Jesús Dupont, Julio Enrique Pantoja, Aguedo F. Vargas y Nicolás Rodríguez García.[246]

---

[246] El Mundo, 10 de febrero de 1934. Unión Obrera, 15 de febrero de 1934.

En un documento con fecha del 2 de febrero de 1934, los miembros de Afirmación Socialista ya habían reaccionado a los cargos presentados en su contra. De acuerdo a su respuesta, estos cargos violentaban los principios fundamentales del derecho y la Constitución del Partido Socialista porque los mismos no estaban firmados por nadie, es decir que no se identificaba a ninguna persona como acusador, y porque eran muy generales y no específicos, lo que violaba lo estipulado en la sección 12 de la Constitución. A pesar de esto, los miembros de AS acusados deciden refutar las acusaciones.

Se les acusaba de atacar el PS mediante artículos publicados en la prensa enemiga (*El Mundo*, *El Imparcial*, *La Correspondencia* y *Unión Obrera*). AS responde que no reconoce ningún periódico como "prensa enemiga", y señala el hecho de que los periódicos señalados habían publicado artículos de líderes del Partido como Prudencio Rivera Martínez. Además, se afirma que los artículos publicados no estaban dirigidos a criticar el PS, sino los "procedimientos" de Rafael Alonso Torres. Los miembros de AS reclaman el espacio para ejercer su derecho a recomendar cambios en la dirección del PS, y el derecho a crear tendencias dentro del mismo partido con el objetivo de "afianzar el ideal socialista en la comunidad", que es la razón de ser de AS.

Se les acusa también de estar motivados por el hecho de no haber tenido acceso a posiciones públicas. Sin embargo, AS sostiene que algunos de sus miembros sí disfrutaban de tales posiciones.[247]

Uno de los cargos presentados tiene que ver con su participación en las deliberaciones de las asambleas generales locales haciéndose pasar por líderes del Partido sin tener la debida autoridad. La respuesta de la directiva de AS es un inventario de la larga trayectoria de la mayoría de ellos en los procesos organizativos del partido, algunos desde su fundación misma.

Su campaña en contra del convenio del 5 de enero fue parte de los fundamentos de las acusaciones; AS acepta haber combatido este convenio

> Por entender que la táctica adoptada no se ajusta a las normas y procedimientos establecidos por el movimiento obrero organizado en todo su historial de luchas industriales mantenidas contra el capitalismo, y porque además el Convenio fue rechazado por todos los trabajadores y por los

---

[247] "La Afirmación Socialista expone su caso concreto", Unión Obrera, 6 de febrero de 1934.

mismos líderes autorizados que más luego fueron a propagar su aceptación.[248]

Luego de la expulsión, los miembros de AS recibieron manifestaciones de apoyo de diferentes secciones del PS. En una carta publicada el 10 de febrero de 1934, Pablo Pol Ortíz, quien se describe a sí mismo como un militante socialista y sindical desde 1906, y miembro del PS desde su fundación en el 1915, manifestó las razones por las cuales apoyaba las acciones de AS:

> ...en los últimos 5 años hemos observado, día por día, con asombro dubitativo, la curva burguesa por donde los capitaneadores del Territorial han conducido a nuestra colectividad, para arrinconarla contra los muros deleznables de la burguesía farisea, la cual persigue corromperlo todo...
> El socialismo no es un movimiento egoísta para el acomodamiento de un grupito de caciques veleidosos, oportunistas, el socialismo es una causa cósmica de regeneración absoluta de todo el sistema de gobernación local e internacional, propendiendo a materializar la dicha sublimizada de todos los pueblos del planeta.

La Coalición con los republicanos es criticada por este militante, "pues combinado nuestro partido con uno burgués, no se

---

[248] "La Afirmación Socialista expone su caso concreto", Unión Obrera, 6 de febrero de 1934.

adviere la resolución suprema y decidida a hacer socialismo puro."[249]

El 3 de febrero fue publicada una carta con fecha del 31 de enero firmada por más de treinta miembros del PS para expresar su solidaridad con el grupo AS, cuyos miembros "han tenido el valor y la entereza de carácter de defender nuestros principios y nuestro partido."[250]

Se percibe, pues, a través de la prensa que el apoyo con el que contaba la AS dentro del PS era significativo, aunque no haya sido suficiente para evitar la expulsión de sus miembros.

El 15 de febrero AS apeló el fallo en su contra del Comité Ejecutivo Territorial, y solicitó que se les permitiera defenderse ante una convención extraordinaria. Para finales de febrero, la sección del PS de Barranquitas aprobó una resolución a favor de la petición de AS sobre la celebración de una convención extraordinaria porque su expulsión había causado mucho malestar en el Partido.[251]

---

[249] "En solidaridad con el grupo Afirmación Socialista", Unión Obrera, 10 de febrero de 1934.

[250] "Agua sobre mojado", Unión Obrera, 3 de febrero de 1934.

[251] "Solicitan una convención del partido", Unión Obrera, 27 de febrero de 1934.

El 6 de mayo, el liderato de AS le dirigió nuevamente un documento al Comité Ejecutivo Territorial del PS para insistir en su solicitud de la celebración de una asamblea extraordinaria. Los miembros de AS afirmaban que ellos tenían información de que la reunión del 8 de febrero en la que se decidió su expulsión nunca se llevó a cabo. También afirmaban que ya había más de 20 secciones del PS que se habían solidarizado con la petición de la celebración de esta asamblea extraordinaria.[252] Sin embargo, los miembros de AS expulsados nunca tendrán la oportunidad de defenderse de este fallo en su contra frente a ninguna asamblea del PS.

Se reorganiza Afirmación Socialista

Luego del fracaso de la lucha llevada a cabo por la reintegración a las filas del PS, AS se fue proyectando como una organización aparte y promovió su visión particular sobre los problemas económicos de la Isla. A pesar de defender la independencia, sus miembros no escaparon, al igual que otros sectores de los trabajadores, de la idealización del papel que jugaba

---

[252] "Se solicita celebrar una convención del Partido Socialista", Unión Obrera, 10 de mayo de 1934.

el gobierno de los Estados Unidos durante la crisis de la década de 1930 para mejorar las condiciones de vida de los trabajadores en Puerto Rico.

En una carta que la dirección de AS le dirige al presidente Roosevelt a principios del mes de julio de 1934, se afirma la confianza que se le tiene a los programas del Nuevo Trato para traerles justicia a los trabajadores puertorriqueños. En la carta se establece la diferencia entre ser independentista y ser antiamericano, para establecer que no existía ninguna contradicción entre el aval de esta política de los EE. UU. en Puerto Rico y la defensa de la independencia. Al contrario, AS le expresaba su gratitud al presidente Roosevelt, y se ponían a su disposición para colaborar en la implementación de estos programas.

Desde el punto de vista económico, AS sostenía que el programa de rehabilitación propuesto era similar al programa del PS que ellos habían defendido desde principios del siglo, y que había sido traicionado por la alianza hecha por los líderes del PS con "los perpetuos explotadores de nuestra patria", [253] es decir, con los

---

[253] "Documentos para la historia", *Unión Obrera*, 10 de Julio de 1934.

republicanos. Los miembros de AS compartían el discurso que idealizaba el papel jugado en el desarrollo político y económico por los EE. UU., y que proponía a la burguesía de la Isla como únicos responsables de la explotación que sufrían los obreros en Puerto Rico. En el caso de AS, por su defensa de la independencia, las contradicciones de este discurso se vuelven más claras. Por ejemplo, en cuanto al gobierno colonial, en su carta, AS le solicita al presidente Roosevelt que el puesto de gobernador y de procurador general deben ser ocupados por "residentes de la Isla", que conozcan el español y la cultura puertorriqueña, bien sean éstos electos o nombrados. La preocupación de AS en cuanto a la relación política con los EE. UU. parece basarse más en las diferencias culturales, que en las contradicciones políticas que minan la vida democrática. AS expresa la esperanza de que se impongan desde el exterior las soluciones para la crisis que se vivía en Puerto Rico.

En la carta, AS propone un pequeño inventario de los problemas principales que sufre en país: la educación pública, el latifundismo, los impuestos tarifarios, el crédito agrícola, comercial e industrial, y la falta de protección de los intereses de los trabajadores. Algunas soluciones que AS le propone al presidente

166

Roosevelt: el desarrollo del cultivo del café, transformar el puerto de San Juan en una zona de comercio libre que aumente el comercio y por ende los empleos. También se le solicita la Presidente que intervenga en la aprobación de la Ley de Indemnización por Accidentes del Trabajo que había sido paralizada por la legislatura de la Isla en ese momento.

Es interesante notar que esta afirmación implícita sobre la primacía de los problemas económicos sobre los políticos (la relación política de Puerto Rico con los Estados Unidos) expresada en este documento de AS, será una postura fundamental del programa político del Partido Popular Democrático que será fundado pocos años luego y que tendrá la capacidad de aglutinar en su seno el descontento cosechado por el PS durante la década.

Los miembros de AS no eran los únicos que compartían esta esperanza en los resultados de los programas del Nuevo Trato, y que aceptaban el Plan Chardón como afín con el programa histórico del socialismo en la Isla. A pesar de algunas críticas[254], también hubo

---

[254] "El Plan Chardón", *Unión Obrera*, 12 de julio de 1934.

expresiones a favor por parte de líderes de la FLT y del PS.[255] Sin embargo, según el análisis de Silvestrini, fue la campaña de AS a favor de las medidas de Roosevelt la que llevó a Santiago Iglesias Pantín, quien ocupaba en Washington el cargo de Comisionado Residente, a regresar a Puerto Rico a endosar el Plan Chardón, a pesar del rechazo de los republicanos al mismo.[256] Iglesias Pantín se declaró a favor de todas las recomendaciones del Plan, y afirmó, en obvia referencia a los republicanos, que el éxito del mismo dependía de que fuera adoptado en la legislatura.[257]

Sin embargo, a pesar de sus esfuerzos, se le hace muy difícil al liderato del PS contener el descontento general que prevalece entre las filas de sus miembros. Hubo varias manifestaciones de este descontento. José Álamo Ríos, vicepresidente de la Sección del PS de Caguas, afirmó que el desaliento era mayor fuera del área de San Juan. Sus causas eran: la molestia que se sentía por la Coalición porque los republicanos no habían cumplido con sus compromisos y

---

[255] "El Plan del Brain Trust Portorriqueño es copia exacta del Programa del Partido Socialista", *Unión Obrera*, 12 de Julio de 1934. "Un plan económico social para Puerto Rico", Unión Obrera, 4 de agosto de 1934.
[256] Silvestrini, 85.
[257] "Iglesias con el foete en la mano pega a sus amigos muy duro, Endosa el Plan Chardón", *Unión Obrera*, 28 de Julio de 1934.

la preocupación por las elecciones de 1936. Afirmaba Álamo: "Estamos perdiendo la fe en nuestros dirigentes"…"los dos o tres docenas de reacomodados líderes, que trabajan en San Juan y juzgan la posición de acuerdo a la situación de ellos."[258]

En Morovis se produjo un choque entre los republicanos y los socialistas, éstos últimos afirmaban que sus quejas ante el CET del PS caían en oídos sordos. Según Ismael Torres, miembro de la Sección Núm. 38: "La Coalición está rota en Morovis. Iremos solos a la lucha con nuestros idearios inmaculados. Si se nos quiere violentar nuestra conciencia para querer rendir nuestro decoro político, iremos inmediatamente a la constitución de un Comité de Afirmación Socialista."[259]

Estas manifestaciones parecen indicar que la campaña llevada por Afirmación Socialista había logrado cierto éxito al tratar de materializar el descontento por las políticas implementadas por la dirección del partido. En agosto, por ejemplo, AS hace público un documento en el que se expresa su respuesta a la convocatoria al

---

[258] "Hay gran desaliento en las filas del partido", *Unión Obrera*, 23 de agosto d 1934.
[259] "Se van dando cuenta de que teníamos razón, Morovis socialista protesta de la Coalición", *Unión Obrera*, 27 de septiembre de 1934.

13er Congreso Obrero que se celebraría a partir del 2 de septiembre.

En el documento, se ofrece un análisis sobre las causas de la crisis

del movimiento obrero organizado:

> Creemos sinceramente, que es una burla [...] dar la sensación de que en Puerto Rico existe un movimiento obrero organizado a base de una idea política, por cierto retrasada y sin finalidad práctica para el anhelo de la vida colectiva. Una institución obrera que necesita para el sostenimiento de sus oficiales y el tren de actividades locales, la solvencia de un partido que depende casi en lo absoluto del favor y el reconocimiento de la misma casta propietaria que por tiempo estuvo combatiendo, sufriendo las persecuciones más horrendas, debe desaparecer para dar paso a otras instituciones que respondan a los dictados de la conciencia y del siglo en que se vive.[260]

Para AS, el problema del movimiento obrero organizado era

principalmente su liderato: "... la burguesía explotadora y los que

han gustado de los deleites de la vida democrática." Ante el fracaso

de la reforma interna, se proponía el camino de la fundación de una

nueva organización política que lo substituyera.

El 4 de noviembre de 1934 se lleva a cabo la Convención de

Afirmación Socialista en el Hipódromo Las Casas en la que se

decidió la constitución de "un partido de clase" que se llamaría

---

[260] "Puntualizando: el movimiento obrero se toma para hablar de ideales ¿!Embaucadores?!", *Unión Obrera*, 21 de agosto de 1934.

Afirmación Socialista de Trabajadores Unidos, que sería inscrito, y que si se levantaba algún inconveniente legal por el nombre "socialista", que se substituyera éste por una "S" mayúscula.[261] Se decidió que su primera convención sería celebrada en Guayama, el 22 de marzo de 1935. Su bandera sería "roja con la insignia de una pala y un pico entrelazados color oro."[262] Su dirección quedó constituida de la siguiente manera:

- Presidente: Tadeo Rogríguez García

- Vicepresidente: José Soto Rivera

- Secretario: Florencio Cabello
- Secretario corresponsal: Miguel Bernard Silva
- Tesorero: Aguedo F. Vargas
- Vocales: Luis Pino y Julio Pantojas por San Juan, Ismael Cruz Nieves y Bruno Cruz por Aguadilla, Ángel Lárraga y Bartolomé Paniagua por Ponce, Epifanio Sandorí y

---

[261] "Laborando por los ideales socialistas", *Unión Obrera*, 6 de noviembre de 1934.
[262] "Laborando por los ideales socialistas", *Unión Obrera*, 6 de noviembre de 1934.

Pedro Rosa Vega por Humacao, Americo y Merced y

Policarpio Ortíz por Guayama, Ricardo Capriles y Pedro

Ronda por Mayagüez, y Jesús M. Balzaz y Jesús M.

Segarra por Arecibo.

Aunque se establece que se es favorable la adopción de la idea de la independencia, se decide dejar este tema para su discusión en la convención de marzo.

El malestar principal en el PS parecería originarse por el fracaso de la Coalición para la implementación de la agenda del Partido. La intención de AS fue canalizarlo a través de la creación de un nuevo partido que materializaba esta línea disidente: "Desde el año 1934 venimos combatiendo la coalición por entender que no convenía a los intereses del Partido Socialista. No faltó el canalla que nos llamara traidor porque veía frustrada su idea de colocarse para vivir de las ideas."[263]

La Convención del Partido Afirmación Socialista de Trabajadores Unidos se celebró en Guayama los días 22, 23 y 24 de

---

[263] "Se aclara el horizonte socialista", *Unión Obrera*, 15 de noviembre de 1934.

marzo. Sus dirigentes estimaron una asistencia de alrededor de 500 delegados en representación de sus secciones, presentes según ellos en casi todos los pueblos de la Isla. Los temas anunciados en la convocatoria eran el status político de Puerto Rico y la rehabilitación económica.[264]

El tema económico fue, aparentemente, el de mayor importancia. En la Convención se aprobó una carta dirigida al presidente Roosevelt sobre la postura del Partido en cuanto a la implementación de las leyes del Nuevo Trato en la Isla. En ella, censuraban la oposición de la legislatura a las actividades de la PRERA, y apoyaban las gestiones administrativas del Sr. James R. Bourne y de la Corporación de Rehabilitación Rural. Según el documento, la oposición de los legisladores se debía a que ellos representaban los intereses de las compañías azucareras explotadoras a quienes no les convenían los programas federales adoptados; se presenta una lista de los legisladores republicanos vinculados directamente con los intereses de la burguesía:

---

[264] "Hoy empieza en Guayama la Convención del Partido Afirmación Socialista", *La Democracia*, 22 de marzo de 1935.

- El speaker Miguel A. García Méndez: abogado de la South Porto Rico Sugar Company.

- Juan B. García Méndez: hermano del speaker, abogado de la Centra Azucarera Colosso.

- Adolfo García Veve: abogado de la Loiza y Fajardo Sugar Company.

- Pedro Juan Serrallés: dueño de dos centrales azucareras y una refinería.

- Luisa Arcelay: dueña de la White Star Bus Line y de los talleres más importantes de la industria de la aguja en Mayagüez.

- Alfonso Valdés: dueño de la Mayagüez Light and Ice Company.

- Celestino Iriarte: cuñado del señor Valdés, y abogado de varias corporaciones, entre ellas la White Star Bus Line de la señora Arcelay.

- Ettiene Totti: Ingeniero y consejero de la American Railroad Company.

- Doctor Leopoldo Figueroa: secretario del Partido Unión Republicana, "representante en Puerto Rico del presidente Trujillo de Santo Domingo para la introducción de plátano y otros frutos, productos éstos que se proyecta cultivar por la Corporación Rural inmediatamente."[265]

En la carta, se señala que todos los mencionados pertenecen al Partido Republicano de los Estados Unidos, es decir, la oposición política principal del presidente Roosevelt.

El PASTU se mantuvo activo haciendo campaña para las elecciones de 1936 en toda la Isla. Se organizó una intensa campaña domiciliaria en San Juan y Santurce, en la que se entregaba un documento en el que se resumían las 10 razones por las cuales la Coalición debía ser derrotada. [266] Pocas semanas antes de la celebración de los comicios, ocurrieron choques violentos en varias partes de la Isla, como Barceloneta y Aguadilla, que expresaban la

---

[265] "Hoy empieza en Guayama la Convención del Partido Afirmación Socialista", *La Democracia*, 22 de marzo de 1935.
[266] Campaña de Afirmación Socialista alrededor de la Isla", *La Democracia*, 1ro de noviembre de 1936.

tensión que existía entre los miembros del PASTU y los de los partidos de la Coalición.[267]

Las elecciones se celebraron el 3 de noviembre de 1936. El PASTU, que participó de los comicios bajo el nombre de Partido Afirmación de Trabajadores Unidos, obtuvo un total de 428 votos en toda la Isla, distribuidos de la siguiente manera:

- 28 votos en Salinas

- 24 votos en Patillas

- 368 votos en Humacao

- 8 votos en Loíza[268]

Estos pobres resultados le pusieron fin al proyecto electoral propuesto. Así llegaba a su fin la propuesta más coherente de oposición interna producida al interior del Partido Socialista, que había logrado expresar el disgusto del ala más radical, la más

---

[267] "Las turbas coalicionistas de Barceloneta tartan de interrumpir un mitin de Afirmación Socialista", *La Democracia*, 1ro de noviembre de 1936. "Un grupo de socialistas amarillos, comandados por el senador Bernardino Villanueva, trataron de originar un motín anoche en un mitin de Afirmación Socialista", *La Democracia*, 3 de noviembre de 1936.
[268] "Resumen oficial del voto para comisionado residente", *Estadísticas de las elecciones celebradas en Puerto Rico el 3 de noviembre de 1936*.

comprometida con los ideales socialistas originales que fueron la razón de ser política de ese partido.

Conclusión

Durante las primeras tres décadas del siglo XX existieron varias visiones de las ideas socialistas. Estas ideas se dividían en dos grandes grupos: los revolucionarios y los reformistas. Los revolucionarios defendían la idea de la necesidad de un proceso revolucionario para abolir el capitalismo. En este sentido no se puede definir al Partido Socialista como revolucionario. En su seno convivieron dos visiones del socialismo, ambas reformistas. Por un lado, existió un grupo radical que se distinguió por su anticapitalismo y que proponía un proceso de reformas para transformar las relaciones de producción capitalistas. Estas ideas radicales estuvieron presentes en el programa inicial del PS. Sin embargo, para el 1924 se dio un cambio de timón importante en la dirección del Partido. A partir de ese momento predominó una visión economicista tanto política como sindical. Estas ideas se distinguieron por plantearse la posibilidad de mejorar las condiciones materiales de los trabajadores dentro de los límites del sistema capitalista.

Desde los primeros años de la fundación del PS se desarrollaron debates importantes entre estas dos tendencias reformistas. Los debates que precedieron las elecciones generales sobre la estrategia electoral que se debía implementar se distinguieron por el choque entre ambas tendencias. El estudio de dichos debates contradice la idea generalmente aceptada de la homogeneidad ideológica del PS.

Entre el 1920 y el 1924, el grupo más conservador va a tomar el poder de las estructuras dirigentes del PS. Sus líderes, entre los que se encontraban miembros fundadores de la FLT y del PS, sostendrán en un principio un discurso aparentemente radical, pero defenderán una visión economicista del sindicalismo y del Partido. Para este grupo, el discurso político era un medio para activar sindicalmente a los trabajadores. De esta forma, el PS se ponía al servicio de la FLT (y de su visión economicista), como un instrumento de reclutamiento, lo que debilitará aún más al PS como un instrumento de cambio social.

La burguesía criolla en Puerto Rico, representadas tanto por el Partido Unión como por el Partido Republicano, reprimirán duramente el movimiento obrero. La conciencia de clase que se adquirirá durante los procesos huelgarios, y en especial el de la huelga de la caña de 1915, ayudarán a la creación del PS como un instrumento de defensa de los trabajadores. Irónicamente, el sector conservador se aprovechará del temor a la opresión de la burguesía, a través de las instituciones estatales, para justificar alianzas electorales con los sectores profesionales que militaban en el Partido Republicano. Para 1924, este discurso será muy atractivo al plantearse la posibilidad real de obtener victorias electorales con el supuesto objetivo de poner el estado al servicio de los intereses de los obreros. Para esta fecha, incluso los líderes del grupo radical del PS defenderán activamente las propuestas de alianzas electorales con los republicanos como una forma de defensa en contra de la represión de la clase obrera.

Para las elecciones del 1928, y en especial para las de 1932, los fundamentos de la propuesta de alianzas electorales con el fin de protegerse de una burguesía fuerte son criticados nuevamente cuando los nuevos pactos que se proponen incluyen a los sectores de esta misma burguesía. En este momento se vuelven claras las motivaciones del grupo más conservador. La intención de las alianzas electorales era fortalecer al PS como un instrumento electoral, a pesar del costo de la pérdida de sus objetivos reformistas. Ganar las elecciones se vuelve un fin en sí mismo. El grupo radical criticará los grandes obstáculos para la adopción de legislación de beneficio a los trabajadores, no por los contrincantes electorales del PS, sino por parte de sus propios aliados republicanos. Según el sector radical, era necesario un cambio en la dirección del Partido que rescatara sus objetivos originales.

Afirmación Socialista fue la expresión más representativa de la visión radical. Su creación fue consecuencia de las diferencias entre la dirección del Partido y la disidencia que surge luego de que el grupo economicista acaparó el control de la dirección del PS para principios de la década del 20. La oposición representada por AS no surgió espontáneamente durante el conflicto laboral de diciembre de 1933 y enero de 1934. AS fue el portavoz de un sector radical que siempre estuvo presente dentro del PS desde su fundación, y que defendía la necesidad de la abolición del capitalismo. Este sector también se distinguió por sus ideas independentistas. AS criticó que el liderato del PS hubiera adoptado una postura anexionista sin consultar a la militancia del Partido. Sin embargo, los miembros de AS no escaparon la idealización del papel que jugaba (o que podía jugar) el gobierno de los Estados Unidos en cuanto a la solución de los graves problemas económicos de la época.

El liderato economicista defendía tenazmente las alianzas electorales, y temían las acciones que pudieran afectarlas. En la década del 30, se redujeron los espacios de expresión de cualquier disidencia interna que hubiese podido poner en peligro los pactos electorales. Las expulsiones del PS se volvieron frecuentes. Las denuncias de AS fueron acalladas inmediatamente mediante un juicio político y la expulsión de sus portavoces.

Luego de su expulsión, AS dedicó sus esfuerzos a crear un nuevo partido socialista, el Partido Afirmación Socialista de Trabajadores Unidos (PASTU). A pesar del apoyo que recibieron desde las filas de la militancia socialista, no tuvieron la capacidad de atraer el voto de los trabajadores.

La información disponible sobre el PASTU es muy escaza. Sus militantes fueron en su mayoría independentistas, pero decidieron posponer la adopción de la independencia en su programa, quizás para atraer a sus filas obreros militantes anexionistas del PS, o por la incapacidad de hacerle frente a la dura represión de la que eran víctimas los nacionalistas y los independentistas. Los líderes del PASTU no se describían a sí mismo como anti americanos, y mantenían una visión idealizada del papel de los Estados Unidos con respecto a la situación política y económica de la Isla.

El programa aprobado en asamblea se preocupaba más por los problemas económicos. La propuesta económica del PASTU era muy parecida a las reformas recomendadas en el Plan Chardón, algunas de las cuales se adoptarán como parte de la llegada de los programas del Nuevo Trato a Puerto Rico. La nueva visión del estado como un motor de la economía, y sus nuevas responsabilidades en torno a los más desamparados, correspondían muy bien con la visión reformista de los líderes del PASTU. Sus líderes llegaron incluso a ponerse a disposición del gobierno de los

Estados Unidos para facilitar la adopción de las reformas del gobierno del presidente Roosevelt en la Isla.

Luego de las elecciones de 1936, el PASTU desaparece. Pocos años luego, será el Partido Popular Democrático el que logrará capitalizar el descontento y el malestar causados por la Coalición.

Anejo

Participación electoral de los socialistas en Puerto Rico 1900- 1936

Elecciones Generales 1900	Resultados (Total votos emitidos: 123,140)
Partido Obrero Socialista	Retraimiento electoral
Elecciones Generales 1902	**Resultados** (Total votos emitidos: 158,924)
Partido Obrero Insular	2 candidatos a la Cámara de Delegados postulados a través del Partido federal – No salen electos.
Elecciones Generales 1904	**Resultados** (Total votos emitidos: 144,240)
Partido Obrero Socialista	6 candidatos electos a la Cámara de Delegados a través Partido Unionista: Fernando González (Arecibo), Julio Medina (Mayaguez), Luis Montalvo Guenard (Mayaguez), Isodoro Ramos (San Juan), Ramón Romero Rosa (San Juan), Federico Virella (Guayama)
Elecciones Generales 1906	**Resultados** (Total votos emitidos: 157,668)

Federación Libre de Trabajadores	1, 345 votos en toda la Isla.
Elecciones Generales 1908	**Resultados** (Total votos emitidos: 158,124)
Federación Libre de Trabajadores	1,327 votos en toda la Isla.
Elecciones Generales 1910	**Resultados** (Total votos emitidos: 163,568)
Partido Obrero	872 votos en Arecibo.
Elecciones Generales 1912	**Resultados** (Total votos emitidos: 149,645)
Partido Obrero	67 votos en Manatí y Barceloneta. 2,359 votos en Arecibo.
Elecciones Generales 1914	**Resultados** (Total votos emitidos: 204,233)
Partido Obrero Insular Partido Republicano	23,520 votos en toda la Isla (2,110 en San Juan, 2,871 en Arecibo, 3,013 en el distrito de Arecibo, 77 en Aguadilla, 818 en el distrito de Guayama, y 9,650 en el distrito de Humacao)

	El socialista Julio Aybar es electo delegado por Mayaguez a través del Partido Republicano.
Elecciones Generales 1917	**Resultados** (Total votos emitidos: 175,006)
Partido Socialista	24,468 votos en toda la Isla. Santiago Iglesias Pantín es electo senador.
Elecciones Generales 1920	**Resultados** (Total votos emitidos: 249,431)
Partido Socialista Partido Popular ("El Ligao") Estrella Roja	59,140 votos en toda la Isla. Eligen un senador y tres representantes en la Cámara. El PS obtiene más votos que el Partido Republicano en tres distritos senatoriales (Arecibo, Guayama y Humacao) 7,024 votos en Ponce. Eligen el alcalde, la asamblea municipal y los dos representantes ante la Cámara. 12 votos en Carolina.
Elecciones Generales 1924	**Resultados** (Total votos emitidos: 253,520)

Coalición	90,679 votos en toda la Isla.
Partido Socialista	56,103 votos en toda la Isla.
Elecciones Generales 1928	**Resultados** (Total votos emitidos: 256,335)
Coalición	123,415 votos en toda la Isla.
Elecciones Generales 1932	**Resultados** (Total votos emitidos: 383,722)
Coalición	208,232 votos en toda la Isla.
Partido Socialista	97,438 votos en toda la Isla. (Los socialistas Bolívar Pagán y Rafael Alonso Torres son electos vicepresidente del senado y de la Cámara, respectivamente)
Elecciones Generales	**Resultados** (Total votos

1936	emitidos: 549,500)
Coalición	297,033 votos en toda la Isla
Partido Socialista	144,294 votos en toda la Isla.
Partido Afirmación de Trabajadores Unidos	428 votos en toda la Isla (28 en Salinas, 24 en Patillas, 368 en Humacao y 8 en Loíza).
Partido Comunista	85 votos en toda la Isla (77 en Utuado y 8 en Jayuya).

Bibliografía

I.   Fuentes primarias

A. Impresas

- Alonso Torres, Rafael. *Primer informe de la Comisión Legislativa para investigar el malestar y el desasosiego industrial y agrícola, y que origina el desempleo en Puerto Rico,* San Juan: Asamblea Legislativa, 1930.

- _____. *Cuarenta años de lucha proletaria,* San Juan: Imprenta Baldrich, 1939.

- Andreu Iglesias, Cesar. "Lucha Iniciales de los obreros" en Conferencia General de Trabajadores, *Álbum de la Asociación de choferes de Mayagüez,* Mayagüez: S. ed., 1941: 113-115.

- Andrew, Jare. *Porque los comunistas luchan por la independencia,* Santurce: Editorial Olicutación, S.F.

- Castrillo, Valentín. *Mis experiencias a través de cincuenta años,* Caguas: Imprenta La Mariposa, 1952.

- Comité Ejecutivo Territorial, *Actas de la Sexta Convención del Partido Socialista celebrada en el Teatro Municipal de San Juan los días 13 y 14 de julio de 1924.* Centro de Documentación Obrera Santiago Iglesias Pantín, Universidad de Puerto Rico en Humacao.

- Comité Insular Afirmación Socialista. *Prontuario del libro en preparación "Opinión y sentencia".* San Juan: Impr. La Estrella, 1934.

- Conde, Eduardo. *Acusaciones y protestas,* Puerta de Tierra: Imprenta Unión Obrera, 1919.

- *Convención del Partido Socialista de 1920*, Actas del Partido Socialista, caja 30, carpeta 1, página iii, Fondo Documental, Centro de Documentación Obrera Santiago Iglesias Pantín, Universidad de Puerto Rico en Humacao.

- Echevarría, Moisés. *Aquilatando valores y combatiendo procedimientos,* Ponce: Tipografía Nadal, 1938.

- _____. *Doce años de vida parlamentaria*, Ponce: S. ed., 1941.

- Ferrer y Ferrer, José, *Los ideales del siglo XX.* San Juan: Tipografía La Correspondencia de Puerto Rico, 1932.

- Fiz Jiménez, Epifanio, *El racket del capitolio, gobierno de la Coalición Republico-Socialista, años 1932-1940.* San Juan: Editorial Esther, 1944.

- Gompers, Samuel. "For Justice even in Puerto Rico", America Federationist, IX. 2(1902): 72-73.

- _____. *Justicia para Puerto Rico, San Juan: Federación Libre 1904.*

- Gompers, Samuel. "Free Porto Rico, we salute you", *American Federationist*, XXIV. 4 (1917): 297-298.

- Green, William. "Porto Rico" *American Federationist*, XXXVII. 1 (1930): 18-19.

- Green, William. "Porto Rico needs help", *American Federationist*, XXXVII.3 (1930): 276-277.

- Iglesias Pantín, Santiago. *Discursos parlamentarios del senador socialista Santiago Iglesias Pantín, representante de la American Federation of Labor.* Caguas: Arroyo-Ferrer, 1917.

- _____. "Partido Socialista" en E. Fernández García, (ed*.), El libro de Puerto Rico*, San Juan: El libro azul de Puerto Rico Publishing Co., 1923: 208-214.

- _____. *Luchas Emancipadoras: crónicas de Puerto Rico*, 2da ed., Tomo I. San Juan: [s.n.], 1958.

- _____. *Luchas Emancipadoras: crónicas de Puerto Rico.* Tomo II, San Juan: Imprenta Venezuela, 1962.

- _____. "Keeping Faith with United State", *American Federationist*, XVIII (1936): 700-706

- _____. "Why Porto Rico does not want independence", *American Federationist*, XVIV (1937): 1074-1079.

- Kailán Báez, Sergio. "Como se creó la CGT" en Confederación General de Trabajadores, *Álbum de la Asociación de Choferes de Mayagüez,* Mayagüez: S. ed., 1941: 33-34.

- Lanauze Rolón, José A. *Por los caminos de la violencia, la idea comunista,* Ponce: Casa Editorial América, 1932.

- _____. *¿Porque somos comunistas?,* Ponce: El Día, 1934.

- _____. *El Fracaso del Nuevo Trato,* Ponce: S.ED., 1935.

- Novas, José. " Apuntes para socialistas", San Juan, 1938, (mecanografiado).

- Oliveras, Blas y Críspulo Oliveras. "Síntesis histórica del movimiento obrero en Yauco", en Francisco Lluch Negroni (ed.), *Álbum histórico de Yauco,* Valencia: Editorial Guerri, 1960: 141-150.

- Pagán, Bolívar. *Historia de los partidos políticos puertorriqueños (1898-1956),* San Juan: Librería Camos, 1959.

- _____. *Informe de Bolívar Pagán, vicepresidente, representante del Partido Socialista en la Junta Insular de Elecciones al Partido Socialista, séptima convención regular, Arecibo, Puerto Rico, 1928*. San Juan: [s.n.], 1928.

- Programa y Constitución del Partido Socialista de Puerto Rico. San Juan: [n.s.], 1924

- Programa y Constitución del Partido Socialista de Puerto Rico. San Juan: [n.s.], 1934

- Ramos Pimentel, Bicuvenido. *Vendimia Roja*, Caguas: Tipografía Carvajal, 1936.

- "Resumen oficial del voto para comisionado residente", *Estadísticas de las elecciones celebradas en Puerto Rico el 3 de noviembre de 1936*. Centro de Estudios Electorales, Comisión Estatal de Elecciones de Puerto Rico.

- Rivera, Facundo. *Principios e ideales socialista*, San Juan: S. ed., 1938.

- Rivera de Alvarado, Carmen. *La responsabilidad del socialismo ante el problema poblacional de Puerto Rico*, San Juan, 1938 (mecanografía).

- Rivera Martínez, Prudencia. "Santiago Iglesias y yo", en Juan Carreras, *Santiago iglesias, Forjador del movimiento obrero*, San Juan: Editorial Club de la Prensa, 1970: 207-212.

- Rodríguez García, Tadeo. *Breviario histórico: opinión y sentencia en el caso de expulsión que fue sustanciado ante el Comité Ejecutivo Territorial del Partido Socialista de Puerto Rico*, San Juan, S. ed., 1936.

- _____. *Ideales Sociales*, Caguas: Tipografía Morel Campos, 1924.

- Rodriguez Vera, Andrés. *Los fantoches del obrerismo o el fracaso de una institución.* San Juan: Tipografía Negrón Flores, 1915.

- _____. *El triunfo de la apostasía: comentando el libro de Santiago Iglesias Pantín.* San Juan: Tipografía La Democracia, 1930.

- Sáez Corales, Juan. "El movimiento organizado de los desempleos, y la industrialización de Puerto Rico" en la confederación General de Trabajadores, *Álbum de la Asociación de choferes de Mayagüez,* Mayagüez: S. ed., 1941, 105-108.

- _____. *25 años de lucha, mi repuesta a la persecución,* San Juan: Gauthier Multigraph Service, 1955.

- Santos Rivero, Juan. *Puerto Rico ayer, hoy y mañana,* Santurce: Editorial Modernal, 1944.

B. Prensa

- La Democracia

- El Imparcial

- Justicia

- El Mundo

- Unión Obrera

II. Fuentes secundarias

- *100 años de sindicalismo puertorriqueño: memorias del congreso internacional del Centenario del Sindicalismo, organizado en Puerto Rico, 1898-1998.* Humacao, Puerto Rico: Universidad de Puerto Rico, Centro de Documentación Obrera Santiago Iglesias Pantín, 2007.

- *American Social History Project,* Who Built America? Working People & the Nation's Economy, Politics, Culture & Society. *New York: The City University of New York, 1992.*

- Andreu Iglesias, César. *Bosquejo para la historia del movimiento obrero puertorriqueño,* San Juan: Movimiento Socialista de los trabajadores, S.F.

- _____. "Lucha Iniciales de los obreros" en Conferencia General de Trabajadores, *Álbum de la Asociación de choferes de Mayagüez,* Mayagüez: S. ed., 1941: 113-115.

- Bayrón Toro, Fernando, *Elecciones y Partidos Políticos de Puerto Rico 1809-2000.* Mayagüez, PR: Editorial Isla, 2003.

- Bernabe, Rafael. "Lucha obrera de 1933-1934", *Pensamiento Crítico* (documento), XII. 63: (1989):1-12.

- _____. *Respuestas al colonialismo en la política puertorriqueña, 1899-1929.* Río Piedras: Ediciones Huracán, 1996.

- Bernabe, Rafael y César Ayala, *Puerto Rico in the American Century. A History since 1898.* North Carolina: University of North Carolina Press, 2007.

- Bird Carmona, Arturo. *A lima y machete: la huelga cañera de 1915 y la fundación del Partido Socialista.* San Juan: Huracán, 2001.

- Bonilla, Frank y Ricardo Caupos. "Imperialist Initiatives and the Puertorican worker: from Foraker to Regan", Contemporary Maximum, S (1982): 1-18.

- Cancio Vilella, Hiraur. "El arbitraje Obrero – Patronal en Puerto Rico", Tesis de Maestría, UPR, 1953.

- Carr, Eward H., *¿Qué es la historia? Edición definitiva.* Barcelona: Ariel Historia, 2001.

- Carreras, Juan. *Santiago Iglesias, forjador del movimiento obrero puertorriqueño*, San Juan: Editorial Club de Prensa, 1967.

- Centro de estudios puertorriqueños (History Task Force). *Labor Migration under Capitalisme; the Puerto Rican Experience*, New York Monthly Review Press, 1979.

- Colón Reyes, Linda, *Pobreza en Puerto Rico, radiografía del proyecto americano.* Puerto Rico: Editorial Luna Nueva, 2005.

- Córdova, González. "Santiago Iglesias, creator of the labor movement in Puerto Rico", Tesis de Maestria, Georgetown University,1964.

- _____. *Santiago Iglesias y las elecciones de 1932*, San Juan: Oficina de Asuntos Culturales, 1984.

- _____. *Resident comanissioner Santiago Iglesias and his time*, Rio Piedras: Editorial de la UPR, 1993.

- Córdova Iturregui, Félix, *Ante la Frontera del infierno: el impacto social de las huelgas azucareras y portuarias de 1905*. Río Piedras: Ediciones Huracán, 2007.

- Corretjer, Juan Antonio. *Albizu Campos y las huelgas de los años 30*, San Juan: Liga Socialista Puertorriqueña.

- Dávila, Rubén. "El pensamiento social obrero a comienzos siglo en P.R.", *Revista de Historia*, I.2(1985): 149-167.

- Dávila, Rubén. *El derribo de las murallas (orígenes intelectuales del socialismo en Puerto Rico)*, Rio Piedras, Editorial Cultural, 1988.

- Diaz Manuel D. "Puerto Rican labor movement, an historical movement", Tesis de Maestría, Clark University, 1943.

- Dietz, James, *Historia económica de Puerto Rico.* Río Piedras: Ediciones Huracán, 1989.

- Dillon, Irene M. "Problems of labor in Puerto Rico", Tesis de maestría, Columbia University, 1949.

- Feliciano Avilés, Higinio. "Origen, desarrollo y división de la conferencia general de Trabajadores de P.R.", Tesis de Bachillerato, Universidad de PR, 1976.

- Fromm, George H. "La huelga cañera de 1934, una interpretación marxista (1)", Claridad, del 24 al 30 de junio de 1977.

- _____. "El nacionalismo, y el movimiento obrero en la década del 30", Óp. Cit, 5 (1990): 37-104.

- Galvin, Miles. "The Puerto Rican labor movement: the USA connetion", en Jorge Heire (ed.), *time for decision: the United States and Puerto Rico*, Lanhaur: the north- South Publishing Co., 1983: 55-91.

- García, Gervasio, *Historia crítica, historia sin coartadas, algunos problemas de la historia de Puerto Rico*. Río Piedras: Ediciones Huracán, 1985.

- García, Gervasio y Ángel G. Quintero. "Breve resumen historia del movimiento obrero", *Claridad (suplemento en Rojo)*, 1 al 7 de mayo de 1981: 2-5.

- García, Gervasio y Ángel G. Quintero. *Desafío y Solidaridad: breve resumen historia del movimiento obrero*, Rio Piedras: Edición Huracán, 1982.

- González, Lydia Milagros y Ángel Quintero Rivera. *La otra cara de la historia*, San Juan: CEREP, 1984.

- Guerra de Colón, María Luisa. "Trayectoria, acción y desenvolvimiento del Movimiento Obrero en Puerto Rico", Tesis de maestría, Universidad de Puerto Rico, 1963.

- Hancock, Ralph. *Puerto Rico, A Success Story*, New Jersey Princeton, 1960.

- Iglesias, Igualdad. "Apuntes históricos sobre la creación del departamento del Trabajo, 1899-1931", *Revista del Trabajo*, X.36-37 (1982): 69-86.

- _____.*La cultura obrera en Puerto Rico, el liderato de Santiago Iglesias Pantín.* San Juan: Oficina del Gobernador de Puerto Rico, La Fortaleza, Oficina de Asuntos Culturales, c. 1982.

- _____.*El obrerismo en Puerto Rico; época de Santiago Iglesias, 1896-1905*. San Juan: Ediciones Juan Ponce de León, 1973.

- Le Goff, Jacques, *Pensar la historia: modernidad, presente, progreso.* Barcelona: Paidós, 1997.

- Licier Reyes, Arnaldo. "La huelga portuaria del treinta y ocho", tesis de maestría, Universidad de Puerto Rico, 1990.

- Machaca, Julio. "Síntesis histórica del Negocio de Conciliación y Arbitraje", Revista del Trabajo, VIII.29 (1980): 5-11.

- Milochevitch, Nicolas, *Marxisme et jésuitisme* (traduit du serbo-croate par Zorica Hadji-Vidoikovich). Losana, Suiza : L'Age d'Homme, 1990.

- Mintz, Sidney. "The rural proletariat and the problem of rural proletarian consciousness", *Journal of Peasant Studies*, I.3 (1974): 291-325.

- Meléndez Vélez, Edgardo, *Partidos, política pública y status en Puerto Rico*. San Juan: Editorial Nueva Aurora, 1998.

- Pabón, Carlos. *Nación postmortem, ensayos sobre los tiempos de insoportable ambigüedad*. San Juan: Ediciones Callejón, 2003.

- Pérez, Erick J. "Bibliografía: Periódicos Obreros", La Gaceta de CEREP, (1982): 3-5.

- _____ y Baronou, David. *Bibliografía sobre el movimiento obrero de Puerto Rico 1873-1996*. San Juan: Ediciones CILDES, 1996.

- Quintero Rivera, Ángel G. *Lucha Obrera en Puerto Rico, antología de grandes documentos en la historia obrera puertorriqueña, Rio Piedras*: CEREP, 1971.

- _____.*Conflictos de clase y política en Puerto Rico*. Río Piedras: Ediciones Huracán, 5ta edición, 1986.

- _____. "La clase obrera y el proceso político en Puerto Rico Introducción: algunas aclaraciones imprescindibles para el análisis dinámico de la clase obrera", *Revista de Ciencias Sociales*, XVIII. 1-2 (1974): 174- 198.

- _____. "Del partido Socialista a la lucha política triangular de las primeras décadas bajo la dominación norteamericana", *Revista de Ciencias Sociales,* XIX. 1 (1975): 174-198.

- _____. " La desintegración de la política de clases: la base material para la coalición", *Revista de Ciencias Sociales,* XIX.3 (1975): 261-300.

- _____. "La desintegración de la política de clases: de la política obrera populista", *Revista de Ciencias Sociales,*XX.1(1976): 3-49

- _____. " La dominación imperialista del estado en Puerto Rico y la política obrera (1900-1934)", *Revista Mexicana de Sociología,* XL, (1978),1119-1134.

- _____. *Patricios y Plebeyos: burgueses heredados artesanos y obreros. La relación de clase a el Puerto Rico de cambio del siglo,* Rio Piedras: Edición Huracán ,1988.

- Rey, Cesar A. "La política obrera en Puerto Rico, 1932-1940", Tesis doctoral, Unimidad Nacional Autónoma de México, 1983.

- Rey, Cesar A. "Parlamento Obrero y coalición, 1932-1940", Álvarez Silvia; Fernando Pico y Carmen Raffuci (eds*.), Senado de Puerto Rico, 1917-1922: Ensayos de historia institucional*, Rio Piedras: Edición Huracán, 1992: 137-159.

- Ricoeur, Paul, *Tiempo y narración, configuración del tiempo en el relato histórico.* México: Siglo XXI, 1995.

- Rivera Colon, Nilsa. *Los pleitos electorales socialistas en Fajardo: 1920-1924*, Tesis de maestría, Universidad de Puerto Rico, 1981.

- Rivera Rodríguez, Juan. "Ideología y Movimiento Obrero: relación entre las ideologías y el desarrollo histórico del movimiento obrero puertorriqueño a principios del siglo XX", Tesis de Bachillerato, Universidad de Puerto Rico, 1985.

- Roca Rosselli, Carlos. "Historia de la relación obrero patronal la industria azucarera de Puerto Rico", Tesis de Maestría, Universidad de Puerto Rico, 1967.

- Rodríguez, José Joaquín. "Auge y crisis en la fila de movimiento obrero puertorriqueño, 1900-1924", tesis de maestría.

- _____. "Partido Socialista, el ligao de Ponce", *Punto y Coma*, III.1 1-2 (1990): 21-24.

- Sánchez Olveda, Masta. *Los movimientos independentistas en Puerto Rico y su perdurabilidad en la clase obrera*, Rio Piedras: Ediciones Edil, 1991.

- Santiago, Paulino. *Notas de historia del movimiento obrero*, San Juan: Casa de Estudios, 1992.

- Senior, Clarence. *Santiago Iglesias, apóstol, del trabajo*, Hato Rey: Editorial de la Universidad Interamericana, 1972.

- Server, P.B. "La degeneración del movimiento obrero en Puerto Rico", *La Escalera*, 1967.

- Silén, Juan Ángel. *Apuntes para la historia del movimiento obrero puertorriqueño*, Rio Piedras: Editorial Cultural, 1978.

- Silvestrini, Blanca. "Puerto Rican Workers and the Socialist Party, 1932-1940", Tesis doctoral, State University of New York at Albary, 1977.

- _____. "Los trabajadores en la lucha socialista y política durante los años 1932- 1940", en Assosietion of Caribean Historianes, *Social Groups and Irrititations in the history of the Caribben*, San Juan, 1974,10-109.

- Taller de Formación Política. *La cuestión Nacional: el partido nacionalista y el movimiento obrero puertorriqueño*, Rio Piedras: Edición Huracan,1982

- _____. *Huelga en la caña, 1933-1934*, Rio Piedras: Edición Huracan,1982

- _____. *No estamos pidiendo el cielo (Huelga portuaria de 1983)*, Rio Piedras: Edición Huracán, 1988.

- Valle Ferrer, Norma, *Luisa Capetillo, Mi patria es mi libertad.* Cayey: Universidad de Puerto Rico en Cayey, 2008.

- Vargas Llosa, Mario, *La verdad de las mentiras.* Madrid: Alfaguara, 2002.

- Wittaker, William George. *The Santiago Iglesias Case, 1901-1902: Origins of American Trade Union Involvement in Puerto Rico.* Washington: [n.s], 1968.

- Zapata Oliver, Carlos R. "Situación política, económica y administrativa de Ponce durante la incumbencia de Blas Oliveras (enero 1933- enero 1937)", Tesis de Maestría, Universidad de Puerto Rico, 1980.

www.ingramcontent.com/pod-product-compliance
Lightning Source LLC
LaVergne TN
LVHW051231080426
835513LV00016B/1520